# 재미있는
# 우리 칠원읍지

# 재미있는 우리 칠원읍지

**초판 1쇄 발행** 2022년 9월 30일

**지은이** 김훤주 **일러스트** 서동진 **마케팅** 정원한 **디자인** page9
**펴낸이** 구주모 **펴낸곳** 도서출판 피플파워
**주소** (우)51320 경상남도 창원시 마산회원구 삼호로38(양덕동)
**전화** (055)250-0190 **홈페이지** www.idomin.com
**블로그** peoplesbooks.tistory.com **페이스북** www.facebook.com/pepobooks

ISBN 979-11-86351-49-9 03910

# 재미있는
# 우리 칠원읍지

김훤주 지음

도서출판
**피플파워**

차례

## 우리는 어떻게 옛날 사람들의 삶을 알 수 있을까요?

**2부**

# 〈칠원읍지〉에는 어떤 이야기가 담겨 있을까요?

경남에는 모두 18개의 시·군이 있습니다. 만만하게 사람들의 입에 오르내리는 곳은 아무래도 관광지로 널리 알려진 통영·하동·남해·거제·진주 이런 곳들이 아닐까 싶어요. 거창·함양·산청 같은 지리산을 끼고 있는 물 맑고 산수가 멋진 고장들도 그 뒤를 따르지요. 표충사나 통도사, 해인사처럼 큰 사찰이 있는 밀양이나 양산, 합천 같은 곳은 절의 유명세 덕을 보기도 합니다.

그렇다면 함안은 사람들에게 어떻게, 얼마나 알려져 있을까요? 입곡저수지와 무진정이 텔레비전 프로그램에 등장하면서 함안을 찾아오는 발길이 많아졌습니다. 그래도 창원과 진주의 틈새에 자리 잡고 있는 존재감이 덜한 고장이라는 이미지는 여전히 남아 있습니다.

그래도 알고 보면 함안은 아주 빛나는 고장입니다. 말이산고분군, 성산산성, 700년 된 씨앗이 꽃을 피운 아라홍련은 함안의 정체성을 결정짓는 훌륭한 유산들입니다. 거기에 더해 또 어깨를 겨룰 만한 것이 바로 기록문화입니다. 한강 정구가 군수로 와 있을 때 지역민들과 함께 쓴 〈함주지〉는 읍지의 표본이 될 정도로 유명합니다.

〈함주지〉 말고도 함안에는 조선 시대에 만든 읍지가 하나 더 있는데 바로 〈칠원읍지〉입니다. 〈함주지〉와 관련해서는 〈재미있는 우리 함주지〉라는 제목으로 책을 따로 펴냈는데 지금 만드는 〈재미있는 우리 칠원읍지〉와 비교를 하면서 읽는 것도 재미있을 것 같습니다.

〈칠원읍지〉는 칠원읍과 칠서면·칠북면 등 삼칠 지역을 다룬 책입니다. '칠원과 함안은 지금 하나의 군인데 책을 왜 나누어서 썼을까요?' 그 배경에는 행정구역의 변화가 있었던 거지요. 1900년대까지만 해도 삼칠 지역은 별도로 독립된 칠원현이었으니까요. 그래서 〈칠원읍지〉라는 책이 생겨날 수 있었습니다. 칠원과 함안이 하나로 통합이 된 것은 1908년입니다. 마산·창원·진해가 2010년에 창원시로 합해진 것처럼 말입니다. 그래서 〈칠원읍지〉라는 책이 생겨날 수 있었습니다.

〈칠원읍지〉는 인물과 역사, 건물과 유적은 물론이고 자연환

경과 특산물까지 그야말로 온갖 이야기들이 담겨 있는 만물상회 같은 책입니다. 그 때에 비해 세상이 너무 달라져서 지금 사람들이 보면 격세지감을 느낄 내용들도 많습니다.

그런데 〈칠원읍지〉는 한문으로 되어 있어서 그 시절을 들여다보고 싶어도 쉽게 접근할 수가 없다는 아쉬움이 있었습니다. 이런 문제를 해결하기 위해 1997년 〈함안군지〉를 펴낼 때 제2권으로 〈국역 칠원읍지〉를 출간했습니다. 그런데 〈국역 칠원읍지〉역시 가까이 다가가기에는 너무 먼 이야기였습니다. 옛날 말투가 많은 데다 빠뜨리거나 잘못된 부분이 있었으니까요.

그래서 쉽게 읽힐 수 있도록 〈재미있는 우리 칠원읍지〉를 펴내면 좋겠다는 생각을 하게 되었지요. 물론 〈칠원읍지〉에 담긴 내용을 다 알아야 하는 건 아니고요. 〈칠원읍지〉라는 책이 있다는 것을 아는 것만으로도 대단한 일입니다. 거기에 조금 더 욕심을 낸다면 〈칠원읍지〉에 이런저런 내용이 담겨 있구나 그 정도면 훌륭하다고 생각을 합니다.

〈재미있는 우리 칠원읍지〉를 만들면서 되도록 욕심을 줄였습니다. 내용을 그대로 정확하게 옮겨야 한다는 생각 대신에 〈칠원읍지〉 가운데 재미있는 사실과 이야기를 골라 담았습니다.

간략해서 아쉽다 싶은 대목은 〈조선왕조실록〉을 비롯한 옛

서적의 내용을 조금 보탰습니다. 우리가 살고 있는 현재의 이야기도 곁들이면서 옛날과 지금의 모습을 서로 비교해 보는 것도 이 책을 읽는 재미라 할 수 있겠습니다.

〈재미있는 우리 칠원읍지〉는 읽는 사람들을 배려해서 〈칠원읍지〉 어디에 이런 내용이 있는지를 따로 표시하지 않았습니다. 그런 것들에 매이다 보면 집중도를 떨어뜨리고 재미를 반감시킬 수도 있으니까요.

전체 구성은 1부와 2부로 나누었습니다. 1부에서는 우리가 어떻게 옛날 사람들의 삶과 역사를 알 수 있는가에 대한 이야기를 풀어놓았고 2부에서는 〈칠원읍지〉에 들어 있는 옛날 사람들의 삶의 모습을 담았습니다.

남들이 알아주는 것도 좋은 일이지만 그보다 더 중요한 것은 스스로 자긍심을 가지는 일이 아닐까 싶어요. 우리 고장에 이런 기록물이 있다는 것을 모르면서 다른 곳에 있는 것만 동경하는 것은 좀 부끄러운 일이지요. 그래서 함안이 어떤 고장인지를 이해하는 데 조금이나마 도움이 될 수 있도록 애를 썼습니다.

# 1부

# 우리는 어떻게
# 옛날 사람들의 삶을
# 알 수 있을까요?

## 요즘 사람들은 어떻게 과거를 알 수 있을까요?

몇 천 년 전이나 몇 백 년 전에 일어났던 일들인데 우리가 그 시절을 마치 들여다본 것처럼 알고 있는 것들이 많습니다. 어떻게 실제 본 적도 없는 과거 사람들의 삶을 마치 지금의 일처럼 생생하게 알 수 있을까요? 여러 방법이 있지만 크게 두 가지로 나눌 수 있을 것 같습니다.

우선 사용했던 물건을 통해 과거 사람들의 삶을 짐작해 보는 것입니다. 옛날 사람들이 썼던 물건은 주로 그들이 죽어서 묻힌 무덤이나 살았던 삶터에서 나왔습니다. 삶터를 좀 더 구체적으로 생각해보면 집터 같은 곳일 수도 있고 쓰레기장일 수도 있습니다.

함안박물관에 있는 유물은 대부분 근처 말이산고분군에서 출토된 것들입니다. 고분군에서 유물이 나오지 않았다면 아라가

야가 얼마나 대단했고 그 사람들이 어떻게 살았는지 지금처럼 자세히 알기가 쉽지 않았을 겁니다.

말이산고분군이 발굴되지 않았을 때는 가야에 대한 상상이 아주 많았습니다. 구체적인 것이 없다 보니 상상으로 짐작할 수밖에 없었지요. 그러다 보니 장막에 가려진 것 같았는데 유물이 나오자 모든 것이 구체적으로 드러나게 되었습니다.

함안박물관에는 말이산고분군 말고도 성산산성에서 나온 유물도 있습니다. 박물관 앞 연못에서 꽃을 피우는 아라홍련은 성산산성에서 나온 것입니다. 700년 전 씨앗을 발아해서 피운 꽃이라는 상징성 때문에 좀 더 특별하지요. 성산산성에서 유물들

이 많이 나올 수 있었던 것도 그 곳이 사람들이 살았던 삶터였기 때문입니다.

### 조개무덤의 정체는 무엇일까요?

다들 알고 있는 조개무덤이라고 하는 패총은 지금으로 치자면 쓰레기장입니다. 알맹이를 먹고 버렸던 조개껍데기는 칼슘 성분이 강해 토양을 중화시키는 역할을 했습니다. 덕분에 유기 성분의 유물들이 그대로 보존될 수 있었지요. 그때 사람들은 아무 생각 없이 했겠지만 우리로서는 더없이 고마운 일이 되었습니다.

조개무덤에서는 사람이나 동물의 뼈 그리고 동물 뼈로 만든 다양한 도구들이 나왔습니다. 중국에서 썼던 돈이나 조상들이 썼던 돌도구 또는 토기들도 함께 있었지요. 이런 유물을 통해 문자가 없던 선사시대에 어떻게 생활했는지, 무엇을 먹고 살았는지 등 당시 사회의 모습을 짐작할 수 있게 됩니다.

그러면 지금부터 몇 백 년이 지난 뒤 쓰레기장에서는 어떤 것들이 발견될까요? 플라스틱, 비닐봉투, 담배꽁초 아마 이런 것들이 아닐까 싶어요. 그런 것들은 썩어서 패총과 같은 역할은 못하겠지요. 지구를 오염시키는 주범으로 유물이 아니라 그야말로 골치 아픈 애물단지가 되지 않을지 모르겠네요.

**고인돌이 무덤이라는 것을 언제 알게 됐을까요?**

각종 유물들이 무덤에서 많이 나왔다고 했는데, 대표적인 무덤으로 고인돌을 빼 놓을 수가 없습니다. 고인돌 하면 대한민국이 으뜸으로 많습니다. 세계적으로 분포되어 있는 고인돌의 65% 정도가 우리나라에 있으니까요.

그런데 재미있는 것은 고인돌이 무덤이라는 사실을 우리는 아주 오랫동안 모르고 있었습니다. 고인돌의 정체를 알게 된 것이 1960년대 들어서였으니 아주 오래된 고인돌의 역사를 생각해보면 그렇게 늦게 알게 된 것도 좀 놀라운 일이라는 생각이 듭니다.

그 전에는 그냥 돌덩이러니 여기다가 도대체 이 커다란 돌덩이들이 뭘까? 옛날 사람들이 왜 이런 걸 만들었을까? 살펴보고 조사를 해 본 결과 바로 옛날 무덤으로 밝혀졌습니다. 고인돌 하면 커다란 돌을 떠올리게 되지요. 그래서 고인돌은 힘이 쎈 권력자들의 무덤이라고 생각하는 사람들이 많습니다.

하지만 그것은 정답이 아닙니다. 물론 힘이 쎈 권력자의 큰 무덤도 있지만 고인돌이 모여 있는 곳은 지금으로 치자면 공동

묘지라고 생각하면 됩니다. 권력자뿐만이 아니라 남녀노소가 다 묻힐 수 있었지요. 세계문화유산으로 등재된 강화도나 고창 고인돌 공원에 가보면 크고 작은 돌들이 아주 많습니다.

고인돌은 지역에 따라 크기에 따라 제각각 특징이 있습니다. 경상도에서는 고인돌의 규모로 권력을 나타냈습니다. 고인돌 주변에 영역 표시를 하기도 했는데 모르는 사람들은 무덤을 장식한 것이라고 생각을 하지요. 그 구역이 넓을수록 힘이 강했다고 합니다.

그런데 전라도에서는 권력을 표현하는 방법이 달랐습니다. 크기보다는 그 안에 얼마나 값지고 화려한 부장품을 많이 넣었는가를 통해 권력의 세기를 표현했지요. 화끈한 경상도 사람들과 예술적인 기질이 강한 전라도 사람들의 특징이 그런 식으로 나타난다니 정말 놀랍습니다.


### 귀한 유물이 어떻게 사라졌을까요?

일제강점기에 일본 사람들이 문화재를 엄청나게 약탈해 갔습니다. 무덤을 파헤쳐 닥치는 대로 가져갔으니까요. 명분은 문화재를 조사·관리한다는 것이었는데 말이 안 되는 소리지요. 그런데 문화재는 일본 사람뿐만 아니라 우리나라 사람의 손에 의해서 사라지기도 했습니다. 돈에 눈이 어두운 사람들이 무덤을 도굴하기도 했지요.

또 다른 이유로도 유물이 사라졌습니다. 지금은 큰 건물을 짓거나 길을 낼 때에는 문화재가 있는지를 반드시 먼저 조사한 다음 공사를 합니다. 그리고 가치가 높은 문화재가 나와 보전해야 한다는 결론이 나면 원래 개발계획을 통째 바꾸는 경우도 드물지 않지요.

하지만 문화재에 대한 인식이 지금과 같지 않던 예전에는 이런 공사로 귀중한 유물이 아깝게 사라져 버린 경우가 많았습니다. 조사하지 않고 그냥 넘어가기도 하고 유물이 나와도 덮어버리고 공사를 해버렸으니까요. 이제는 그런 일이 없으니 참 다행입니다.

### 글로 남겨진 기록은 어떤 것이 있을까요?

옛날 사람들의 삶을 지금 사람들이 알 수 있는 방법으로 지금까지는 무덤이나 삶터에서 나온 물건에 대한 것들을 살펴봤습니다. 이제부터는 글에 대해 알아보기로 합니다. 전체 역사로 볼 때 글로써 역사가 기록된 것은 유물이나 유적에 비해 상대적으로 적고 기간도 짧다고 할 수 있습니다.

우리가 잘 알고 있는 대표적인 기록으로는 〈삼국사기〉와 〈삼국유사〉, 〈고려사〉·〈고려사절요〉 그리고 〈조선왕조실록〉을 꼽을 수 있습니다. 2000년 전 고대에서부터 100년 전 근대까지의 역사가 기록으로 남아 있습니다.

고려 시대에 만들어진 〈삼국사기〉는 〈삼국유사〉와 함께 지금까지 전해지는 가장 오래된 역사책입니다. 이를 통해 고구려·신라·백제 삼국, 통일신라와 발해, 그리고 가야 사회를 들여다볼 수 있지요. 〈고려사〉와 〈고려사절요〉는 조선 시대에 편찬되었는데 서술이 자세하지 않고 듬성듬성하다는 평가를 받습니다. 반

재미있는 우리 칠원읍지

면 당대에 기록된 〈조선왕조실록〉은 아주 꼼꼼하게 적어 풍부한 내용을 담고 있습니다.

### 가장 오랜 기록이 전하는 칠원과 함안

그렇다면 우리 고장 칠원과 함안에 대해 적어놓은 가장 오래된 기록은 무엇일까요? 흥미롭게도 칠원과 함안은 우리나라에서 가장 오래된 역사책인 〈삼국유사〉와 〈삼국사기〉에 모두 등장합니다.

포상팔국 전쟁에 관한 내용이 그것입니다. 포상팔국은 칠포·골포·고사포(고자국)·보라국·사물국 등 바닷가의 여덟 나라를 말하는데 이들 나라의 군사들이 209년 또는 212년에 아라 또는 가라를 공격했다는 기사가 〈삼국사기〉와 〈삼국유사〉에 나옵니다.

아라는 우리가 잘 알고 있는 지금의 함안을 말합니다. 그리고 아라를 공격한 여덟 나라 가운데 하나인 칠포는 전문 학자들의 말에 따르면 칠원이라고 합니다. 물론 칠원이 아니고 창원 또는 사천이라는 주장도 있습니다. 지금은 하나로 되어 있는 칠원과 함안이 1800년 전에는 서로 맞서 싸우는 관계였다니~ 너무 아득한 옛날이야기라 실감이 나지 않는다고요?. 1800년 전에 벌어졌던 일들이 지금까지 전해지고 있다니 기록의 힘이 정말 대단합니다.

**물건이나 글을 통해 모든 역사를 다 알 수 있을까요?**

역사 기록물은 대부분 권력자들이 그 중심에 있습니다. 그러다 보니 나라의 주인이 임금이었던 옛날에는 역사 또한 임금의 일상이나 관심사를 중심으로 기록이 되었습니다. 칠원과 함안이 동시에 등장하는 포상팔국 전쟁을 다룬 기록 역시 이긴 쪽의 임금과 왕자, 그리고 장군의 이름만 나옵니다. 그래서 역사책은 승자의 입장에서 만들어진다고 하지요.

역사를 기록하는 사람들 역시 일반 백성들과 거리가 멀었습니다. 〈삼국사기〉를 쓴 김부식은 최고위 관료였고 〈삼국유사〉를 쓴 일연 스님도 왕실과의 관계가 돈독한 상류층이었지요. 〈조선왕조실록〉 또한 임금에 대한 충성을 목숨보다 소중히 여기는 관리들이 썼습니다. 그러니까 기록물은 전체 국민으로 보자면 아주 일부에 불과했던 상류층 사람들의 역사라 할 수 있습니다.

우리는 한옥 하면 기와집을 떠올립니다. 그런데 실제로는 초가집이 대부분이었고 기와집은 아주 일부였습니다. 그런데도 지금 사람들은 대부분 기와집을 한옥의 전부인 것처럼 여깁니다.

조선 시대 역사 하면 〈조선왕조실록〉을 생각하는 것도 마찬가지가 아닐까 싶어요.

〈삼국유사〉는 일연 스님이 세상을 돌아다니면서 들은 민담이나 전설 등이 담겨 있기는 하지만 일반 백성들의 삶을 생생하게 기록했다고 하기에는 부족함이 있습니다. 박물관 유물도 대부분 권력자의 무덤에서 나왔으니 전체의 역사를 이해하는 데는 이역시 모자란 점이 있습니다.

**기록과 유물 중 어느 쪽이 역사를 이해하기 좋을까요?**

우리는 선조들이 남긴 물건과 기록을 통해서 과거를 살펴보게 됩니다. 두 가지를 두고 어느 것이 더 옳고 틀린 지는 구분하기 어려울 것 같습니다. 둘 다 장점과 단점이 있으니까요. 유물을 통해 배우는 역사는 생생하고 리얼합니다. 그러나 그 이면에 담겨 있는 여러 가지 이야기나 의미를 다 알 수는 없습니다.

유물을 사용한 사람은 귀족이나 왕실 같은 지배계층이지만 그것을 만든 사람들은 일반 백성들입니다. 말하자면 물건을 만들도록 시킨 사람들의 이야기는 있어도 직접 만든 사람들의 이야기는 우리에게 전해지기 어렵다는 것이지요.

기록으로 배우는 역사는 유물로 볼 수 없는 것을 자세히 알 수 있는 장점이 있습니다. 몇 년, 몇 월, 몇 일, 언제, 어디서, 누가, 무엇을, 어떻게, 왜 했는지를 짐작이 아니라 기록을 통해 있는 그대로 이해하고 받아들일 수 있으니까요.

하지만 승자의 입장에서 쓰여진 내용이 얼마나 객관적인지는 확인하기가 쉽지 않습니다. 기록자가 객관성을 유지한다고 하더라도 인간이니만큼 완전하게 공정할 수는 없는 한계가 있으니까요. 반면 진 사람들은 그들의 이야기를 남길 기회조차 사라집니다. 후세 사람들이 읽게 되는 역사는 한 쪽의 입장에서 쓰여진 기록이니만큼 그것을 다 믿고 받아들이기에는 한계가 있지 않을까요.

### 우리나라의 기록유산은 얼마나 될까요?

우리나라는 자랑스러운 기록유산이 많습니다. 유네스코 세계 기록유산에 등재된 기록물만 모두 열여섯 개로 고려 시대, 조선 시대와 대한제국 시기에도 있고 대한민국이 들어서고 난 이후의 것도 있어요.

〈직지심체요절〉과 〈해인사 팔만대장경판〉은 고려 시대, 〈훈민정음〉, 〈조선왕조실록〉, 〈승정원일기〉, 〈조선왕조의궤〉, 〈동의보감〉, 〈일성록〉, 〈난중일기〉, 〈한국의 유교책판〉, 〈조선왕조어

보〉와 〈조선통신사 기록물〉은 조선 시대, 〈국채보상운동기록물〉
은 대한제국 시기, 〈광주민주화운동〉, 〈새마을운동〉, 〈KBS이산
가족찾기기록물〉은 대한민국 시기의 산물입니다.

이 중 충무공 이순신 장군의 〈난중일기〉는 개인의 기록이지
만 지금 보자면 임진왜란 당시 상황을 이해하는 데 크게 도움이
되는 중요한 자료입니다. 그밖에도 〈홍길동전〉 같은 소설이나
황진이가 쓴 시, 정철이 지은 관동별곡 같은 기행시문에 궁중 소
설 등등 수많은 기록물이 있습니다. 이런 글 또한 그 당시 사회
를 이해하는 데 좋은 자료가 됩니다.

### 함안은 기록유산의 보물창고

함안은 다른 시·군에 비해 훌륭한 기록 유산이 풍부한 고장
입니다. 가장 첫머리에 〈함주지〉가 자리 잡고 있습니다. 1587년
에 당시 함안군수 한강 정구가 함안의 지식 역량을 끌어모아 만
든 〈함주지〉는 크게 세 가지로 그 가치를 꼽을 수 있습니다.

첫째는 우리나라에서 가장 오래된 읍지입니다. 그 당시에도
몇몇 고을에서 읍지가 만들어졌지만 모두 없어지고 〈함주지〉만
남아 임진왜란 이전에 펴낸 읍지로는 유일합니다. 함안의 옛사
람들이 〈함주지〉를 아끼고 사랑하여 잘 보관하고 이후로도 꾸준

하게 내용을 보완해 온 덕분입니다.

둘째는 내용이 아주 풍성하고 다양합니다. 옛날에는 문자를 양반들만 알았기 때문에 양반들 이야기를 중심으로 기록을 했지요. 〈함주지〉는 그런 가운데서도 함안에서 일어난 그럴듯한 일이면 천민이나 평민, 남녀를 가리지 않고 세세하게 적었습니다.

셋째는 잘 만들어진 읍지로 다른 곳에서 발행되는 읍지의 모범 사례가 되었습니다. 어느 고을에서 읍지를 만든다 하면 일단 먼저 〈함주지〉부터 갖다 놓고 보면서 그를 따라 자료를 모으고 내용을 정리해 나갈 정도였으니까요.

### 〈함안총쇄록〉에 〈금라전신록〉까지

〈함안총쇄록〉도 굉장한 기록물입니다. 1889~93년 4년 동안 채원 오횡묵이 함안군수로 있으면서 거의 날마다 일기 형식으로 써 내려간 책입니다. 오횡묵은 자신의 기록을 후세에 남기기로 작정하고 아전들에게 이 총쇄록을 여러 권 베껴 쓰게도 했다고 합니다.

군수 개인의 사적인 경험이나 느낌도 있지만 당시 사회의 모습을 알 수 있는 내용이 가득합니다. 조세를 거두기 위해 백성들을 후려잡는 모습, 통제영·병영이나 감영 또는 마산창 등 여러 상급 기관으로 고단하게 출장 다니는 장면, 살인사건 등 갖은 험한 일을 치르는 경우 등 함안을 중심으로 펼쳐진 지역 행정 전반에 대해 세세하게 적어놓고 있습니다.

지금은 모든 업무가 나뉘어져 있지요. 세금은 국세청에서 거두고, 범인은 경찰이 잡고, 행정 업무는 관청에서 하고 그럽니다. 하지만 예전에는 이런 모든 일들을 고을 군수가 도맡아서 했으니 그야말로 엄청나게 고단한 직업이 바로 군수였다고 할 수 있습니다.

책이나 드라마에서 보면 고을 원님이 대단한 세력가처럼 그려지기도 합니다. 그런데 겉으로 드러나는 모습과는 달리 많은 일을 함께 감당하고 있었던 거지요. 임기를 제대로 채우는 원님이 드물었다고 하는데 한편으로 이해가 되기도 합니다.

〈함안총쇄록〉은 또 함안에 있는 여러 명승지들의 당시 모습을 탁월한 관찰력으로 담아내고 있습니다. 뿐만 아니라 정월대보름 달맞이와 줄다리기, 사월초파일 낙화놀이, 나라의 경축일에 펼쳤던 대군물, 까치설날에 놀았던 귀신묻는놀이, 연초에 벌어지는 푸닥거리 등 세시풍습이나 행사에 관한 기록을 꼼꼼하게 적었습니다.

낙화놀이는 지금도 이어지고 있지요. 정월대보름 달맞이와 줄다리기는 그리 낯설지는 않습니다. 대군물이나 귀신묻는놀이 같은 전혀 알 수 없는 것들도 있습니다. 사라지고 없는 당시 민속과 풍습을 함께 담고 있어 좋은 자료가 되고 있습니다.

간송당 조임도는 함안 땅에서 태어나 칠원 땅으로 옮겨 살았던 인물입니다. 그가 펴낸 〈금라전신록〉 역시 손에 꼽을 만한 함안 기록물입니다. 제목으로 삼은 '금라'는 함안의 옛 이름이지요. 함안 출신 인물들의 행적과 시문을 촘촘하게 한데 모았습니다. 그래서 〈금라전신록〉을 두고 함안 지역의 문학사전, 인물사전이라고도 합니다. 여기에 더해 〈칠원읍지〉와 〈함안군읍지〉까지 있으니 과연 기록유산의 고장이라 할 수 있겠습니다.


**옛날과 오늘날의 기록관은 어떤 차이가 있을까요?**

조선 시대 역사 기록과 관련된 부서는 홍문관·춘추관·승문원입니다. 이곳에서 일하는 사람들은 철저하게 독립성을 유지했습니다. 요즘은 홍문관·춘추관·승문원과 같은 기능을 하는 것으로 국가기록원이 있습니다. 이곳에서는 국가의 모든 문서를 관리하고 있지요. 옛날에는 일일이 손으로 적어서 기록으로 남겼습니다. 만약을 대비해 복사본도 여러 개를 만들어야 했으니 업무가 어마어마했을 것 같습니다.

무엇보다 기록물이 종이나 나무로 되어 있다 보니 불이 나거나 전쟁이 터지면 다 사라질 위험이 있었습니다. 그래서 사본을 만들어 전국 곳곳에 나누어 보관했습니다. 20세기 초까지도 〈조선왕조실록〉을 보관하는 창고가 전국에 4곳이 있었어요. 역사책을 모아두는 창고라서 '사고'라 했지요. 경북 봉화의 태백산, 인천 강화도의 정족산, 전북 무주의 적상산, 강원도 평창의 오대산입니다. 이곳에 가면 사고로 쓰였던 건물이 지금도 남아 있습니다.

기술이 발달한 지금은 모든 것이 과학적이고 체계적으로 이루어집니다. 지난날처럼 아날로그가 아니라 디지털로 자료와 정보가 처리되는 것은 기본이지요. 그러다 보니 후세에 전해지게 될 역사들이 매우 많고 구체적이며 다양합니다. 훗날 사람들은 지금 우리가 과거를 짐작하는 것보다 훨씬 생생하게 지금 우리의 모습을 들여다볼 수 있을 겁니다.

**옛날과 오늘날 기록물 내용의 차이는 무엇일까요?**

예전에는 대부분 왕실에서 일어났던 일과 국가 대소사를 주로 기록했습니다. 지금처럼 네트워크가 발달하지 못했고 일일이 기록하고 보관하는 데도 한계가 있었으니까요. 그런데 지금은 지역과 지위 구분이 따로 없습니다. 우리나라 모든 지역의 풍습은 물론 일반 사람들이 가지고 있는 가치가 있는 것들을 찾아내서 국가기록원에 등록을 하게 됩니다.

시골에 사는 어떤 할아버지가 평생 적은 가계부가 국가기록물로 등재되기도 했습니다. 몇 년도 콩나물 얼마, 경조사비 얼마, 자식들 월사금이 얼마, 양말이 얼마 등등 살아가는 데 필요한 소소한 것들이었지요. 평범한 할아버지가 적은 가계부가 물가의 변동은 물론, 지역의 풍습과 그 시대의 특징을 이해하는 훌륭한

재미있는 우리 칠원읍지

자료가 된다고 하니 놀랍지요.

과학이 발달해서 이제는 궁금한 것이 있으면 손바닥 안에서 다 해결이 되는 세상이 되었습니다. 기계가 아무리 뛰어나다고 해도 정보를 입력하는 것은 사람입니다. 기록의 힘은 옛날이나 지금이나 그리고 앞으로도 변함이 없을 겁니다.

# 2부

## 〈칠원읍지〉에는
## 어떤 이야기가
## 담겨 있을까요?

# 1. 〈칠원읍지〉는 언제 만들어졌을까요?

〈칠원읍지〉는 지금의 칠원읍·칠북면·칠서면에 해당되는 함안 삼칠 지역의 역사·문화·인물과 자연을 기록해 담아둔 책입니다. 지금 남아 있는 〈칠원읍지〉에는 〈무릉지〉, 〈칠원지〉, 〈칠원읍지〉 등 세 개의 서문이 차례대로 붙어 있습니다.

조금 복잡한 것 같지만 간단하게 말하자면 한꺼번에 〈칠원읍지〉를 완성한 것이 아니라 긴 세월에 걸쳐 내용을 더하고 보태고 해서 완성을 한 것이다~ 이렇게 생각하면 맞습니다. 맨 처음에 만든 것이 바로 〈무릉지〉입니다.

〈무릉지〉의 서문은 곽연(1609~1669년)이라는 분이 썼는데 이 책이 편찬된 시기를 알려주는 대목이 나옵니다. "지금 유동발 칠원현감이 읍지를 기록해 썩지 않게 보존하려고 한다"는 부분이 그것입니다. 유동발은 1642년 8월에 칠원현감으로 왔다가 1644년 12월에 그만두고 떠난 인물입니다. 그러니까 1643년 즈음에 〈무릉지〉가 편찬되었다, 이렇게 짐작할 수가 있겠지요.

〈무릉지〉를 바탕 삼아 〈칠원지〉를 쓰고 〈칠원지〉를 바탕으로 다시 〈칠원읍지〉을 완성하게 됩니다. 〈칠원지〉와 〈칠원읍지〉는 각각 주맹헌(1617~1703년)과 황정기(1799~1856년)라는 분이 서문을 썼는데 글 쓴 시점을 1699년과 1855년이라고 밝혀 놓았습니다. 그러니까 지금 우리가 보는 〈칠원읍지〉는 1643년에 처음 편찬되었다가 50여 년과 200여 년 뒤에 다시 편찬을 거쳤던 책이라 할 수 있습니다.

그런데 자세히 살펴보면 1855년 이후의 일도 적혀 있습니다. 역대 현감 명단을 보면 〈칠원읍지〉가 마지막으로 편찬된 1855년 3월 이후에 임명된 인물이 36명이고 과거 급제 명단에도 1863년 임금 자리에 오른 고종 시절에 합격한 이들이 6명이 있습니다.

효자 항목을 보면 일제에 나라를 빼앗기기 직전인 1909년에 윤은의라는 칠원 사람이 순종 임금으로부터 상금을 받은 얘기도 있습니다. 그러니까 1855년 이후에 일어난 일들도 꾸준하게 계속해서 추가로 기록한 읍지라고 보면 되겠습니다.

## 2. 〈칠원읍지〉에 담긴 칠원의 옛 이름

　칠원은 어찌 된 까닭인지 고을 이름이 많습니다. 〈칠원읍지〉 연혁을 보면 그런 내용을 알 수 있습니다. 신라 시대에는 칠토(漆吐)라 했다가 통일신라 시대에는 칠제(漆提)로 이름을 바꿉니다. 그러다가 고려 시대에 이르러 지금의 이름인 칠원을 쓰기 시작했습니다.

　또 다른 이름으로는 구성(龜城)이 있습니다. 한자로 구는 거북을 뜻하는데 지금 사람들은 옛날 관아가 있었던 칠원읍성 일대의 지형이 둥글면서 봉긋하게 솟은 것이 거북처럼 생겼다 해서 구성이라고 했다고 말합니다.

　다른 까닭도 있습니다. 창원시 마산합포구 바닷가에 가면 구산면이 있지요. 지금은 창원 소속이지만 구산면이 조선 시대부터 일제 강점 직전인 1908년까지는 칠원 소속이었다고 합니다. 지금의 행정구역 개념으로 보자면 멀리 바닷가에 떨어져 있는 구산이 어떻게 칠원 소속이었는지 좀 아리송하긴 합니다.

예전에는 이렇게 떨어져 있어도 상관이 없었다고 해요. 그렇지만 옛날에도 흔한 것은 아니어서 이를 일컫는 월경지 또는 비입지라는 말이 따로 있었답니다. 월경지는 경계를 뛰어넘은 땅이라는 뜻이고 비입지는 날아서 들어간 땅이라는 뜻이라니 재밌지요.

아무튼 여기 지명에도 거북을 뜻하는 구가 들어 있어서 구성이라 했는데 지금은 구산으로 바뀌었고 소속도 창원입니다. 혹시 구산을 들르게 된다면 이곳이 칠원땅이었다고? 아마도 그런 생각을 하게 될 것 같습니다.

무릉은 칠원의 별명입니다. 무릉은 이상향을 뜻하는 무릉도원이라는 말에서 온 것이지요. 무릉도원은 쉽게 말해서 아주 오랜 옛날부터 사람들이 꿈꾸었던 낙원 같은 곳을 말하는데 칠원이 그만큼 살기 좋은 고장이라는 뜻이다~ 이렇게 생각하면 맞습니다. 칠서면에 가면 무릉리가 있고 삼칠 지역을 대표하는 무릉산도 있습니다.

# 3. 〈칠원읍지〉에 담긴 자연

### 경양대

〈칠원읍지〉에는 멋진 자연경관에 대한 기록이 나옵니다. 그 중에서 으뜸으로 꼽은 것이 경양대입니다. 칠원에 살고 있어도 경양대가 어딘지 모르는 사람들도 많을 것 같습니다.

〈칠원읍지〉를 보면 경양대는 "우질포 강가 서쪽에 바위가 우뚝 솟아 있는데 그 위는 손바닥처럼 평탄해서 열 사람 남짓이 앉을 수 있다"고 적혀 있습니다.

경양대는 함안군 칠서면 계내리에 있는 칠서취수장 자리의 강가 벼랑에 있습니다. 맞은편에서 쳐다보면 깎아지른 모습이 제법 웅장합니다. 지금은 취수장으로 쓰이는 바람에 명성을 잃고 말았지만 옛날에는 낙동강에서 첫손 꼽히는 명승이었다고 합니다.

경양대라는 이름에 담긴 뜻을 풀어보면 '경'은 멋진 경치를

경양대

뜻하고 '양'은 좋은 술을 가리킵니다. 옛날 어른들이 여기 모여 앉아 자연을 즐기며 술을 마시곤 했던 모양입니다. 〈칠원읍지〉에는 이곳에서 노닐던 사람들의 기록이 남아 있습니다. "이인로가 일찍이 여기에서 놀았고 이첨이 시를 지었다."

800년 전 사람이었던 이인로의 등장으로 미루어 경양대는 일찍부터 유명세를 떨쳤던 곳이라는 것을 알 수 있습니다. 이첨은 이보다 조금 늦은 고려 말기~조선 초기의 인물인데 남긴 시가 참 그럴듯합니다.

강 위에 가을빛이 맑고 그윽하니
대원수가 한가한 날 예쁜 배를 띄웠네.
물은 쪽빛 같고 모래는 눈 같은데
산은 병풍 같고 술은 기름 같아라.
바위벽은 아침저녁으로 물결에 깎여 야위었고
불어오는 피리 소리는 온갖 시름을 깨뜨리네.

물은 쪽빛 같고, 모래는 눈 같고, 산은 병풍 같다고 합니다. 가을빛 맑은 날 강에 배를 띄워 뱃놀이를 하는 모습이 선하게 그려지지요.

### 우질포

경양대의 동쪽에 있었던 우질포는 지금으로 보자면 남지철교와 낙동대교 사이 일대에 해당됩니다. 옛날에는 하얀 모래와 푸른 대숲이 강을 따라 펼쳐져 있어 풍경이 맑고 깨끗했다고 했습니다.

재미있는 우리 칠원읍지

우질포는 우리 말로 하면 웃개입니다. 웃은 위쪽을, 개는 물가라는 뜻으로 한자로 상포라고 하지요. 낙동강 하류보다 강폭이 좁아 건너다니기 쉬워서 강을 건너는 나루터 역할을 했다고 합니다. 그러고 보니 웃개의 지금 지명이 진동인 까닭을 어렵지 않게 알 수 있지요. 진동은 나루가 있는 동네라는 뜻이니까요.

조선 시대에 진동은 낙동강에서 으뜸가는 나루였습니다. 강을 따라 오가는 배가 200척 안팎이었다니 그 규모가 정말 어마어마하지요. 이른 새벽부터 저녁 늦게까지 드나드는 길손이 끊이지 않고 이어졌으니 이곳이 얼마나 번성했을지 충분히 짐작이 됩니다. 지금도 교통의 요지인 역세권 주변은 땅값도 비싸고 집값도 비싸고 그렇지요. 옛날에도 별로 다르지 않았을 것 같습니다. 1910년 일제 강점 이후에도 계속 번창했던 우질포는 1933년 남지철교가 강 위에 놓이면서 역사 속으로 사라지게 되었습니다.


## 멸포

우질포보다 하류에 있는 멸포는 광려천이 낙동강으로 합류하는 어귀에 해당됩니다. 매포라고도 합니다. 두 물줄기가 마주치는 바로 아래 낙동강 가운데에는 제법 널찍한 섬이 하나 형성

되어 있지요. 광려천의 합류로 흐름이 약해지자 강물과 함께 떠내려오던 모래와 흙이 쌓여서 생겨난 것입니다.

우질포는 경상감영이 있었던 대구로 이어지는 가장 빠른 길이어서 행정용으로 많이 쓰였습니다. 반면에 매포는 남쪽 창원에서 북쪽 영산·창녕까지 여러 마을들을 잇는 도로와 이어지는 생계용이라 할 수 있습니다. 1970년대만 해도 매포 나루에는 집집마다 찾아다니며 물건을 파는 행상들이 많았지요. 지금은 바로 그 아래에 창녕-함안보가 강물을 가로막고 있습니다.

### 서천

칠원읍과 칠서·칠북면을 아우르는 삼칠 지역에서 가장 큰 하천이 광려천입니다. 창원과 함안의 경계를 이루는 광려산에서 첫 물줄기가 시작된다고 해서 이름이 광려천입니다. 그런데 광려천의 옛날 이름은 서천이었습니다.

칠원읍성의 중심인 칠원현 관아에서 볼 때 서쪽으로 흐른다고 해서 서천이라 했던 거지요. 그렇다면 만약 동쪽으로 흐르면 동천? 당연하지요. 동·서·남·북, 상·중·하 내·외 등 이렇게 방향이나 위치를 가리키는 한자가 지명에 들어 있으면 대부분 중심 건물이나 장소를 기준으로 이름을 붙인 것이다~ 이렇게 생각하면 맞아요.

요즘 사람들은 다리 이름 하나 짓는 데도 상금을 걸고 공모를 한다 어쩐다 하면서 엄청 공을 들이지요. 그러고 보면 옛날 사람들은 복잡하게 생각하지 않고 정말 쿨~하게 이름을 지은 것 같지 않나요?

광려천은 창원 내서읍과 함안 칠원읍을 지난 다음부터는 서쪽에 칠서면을 동쪽에 칠북면을 끼고 북쪽으로 흘러갑니다. 그러다가 매포에서 낙동강과 합해집니다. 함안천·석교천·대산천 등 남강으로 흘러드는 함안의 다른 주요 물줄기들도 광려천처럼 북쪽으로 흐르지요.

물은 대개 위에서 아래로 흐른다고 생각하잖아요. 그런데 북쪽으로 흐른다니 좀 신기하지요. 이런 걸 두고 말 만들기 좋아하는 사람들이 지어낸 것이 함안은 물이 거꾸로 흐르는 역수의 땅이라서 반역의 기운이 성하다고 그랬습니다. 설마 지금도 그 말을 사실이라고 믿는 사람들은 없겠지요. 하지만 그런 이야기와는 아무 상관없이 훌륭한 역사 인물이 많은 데가 바로 함안과 칠원입니다.

지금은 어지간한 개천도 모두 이름이 붙어 있습니다. 이름을 붙이는 건 물을 관리·유지하는 데 필요합니다. 그런데 〈칠원읍지〉를 보면 삼칠 지역의 하천 가운데 이름이 적혀 있는 것은 서천 하나뿐입니다.

그렇다고 다른 하천이 없었던 건 아닙니다. 칠원읍성이 있었던 칠원읍 중심가는 운곡천과 칠원천이 제각각 남서쪽과 북동쪽을 감싸고 흐르니까요. 그런데 칠원읍지에는 이들 이름이 없습니다. 당시에는 지금과는 다르게 하천을 관리하는 방법이 있었던 모양입니다.

재미있는 우리 칠원읍지

# 4. 〈칠원읍지〉에 담긴 건축물

## 무기연당

〈칠원읍지〉에 담겨 있는 자연경관 가운데 으뜸이 경양대라면, 가장 빼어난 건축물은 무기연당입니다. 그런데 〈칠원읍지〉에는 무기연당을 어떻게 적었을까요? 무기연당이라는 이름은 나오지 않고 대신 '숨어 지내는 선비의 두건을 쓰고 지팡이와 나막신으로 서성거렸던 못과 정자, 꽃과 돌이 있는 언덕'이 나옵니다.

숨어 지내는 선비는 무기연당의 주인인 주재성을 말하고, 못과 정자 그리고 꽃과 돌이 있는 언덕은 무기연당의 모습입니다. 그렇다면 무기연당의 주인 주재성은 어떤 인물이었는지 궁금해집니다. 주인을 알면 무기연당에 담긴 사연도 쉽게 이해를 할 수 있으니까요.

주재성은 임금을 위해 큰일을 했는데도(무슨 일을 했는지는 뒤에 자세하게 나옵니다) 제대로 된 보훈은 없었습니다. 보통 사람들이라면 나라와 조정을 원망했을 텐데 주재성은 그러지 않았어요. 그런 데에 전혀 개의치 않고 고향 칠원에서 숨은 듯이 지냈습니다. 그러면서 집안에 못을 파서 국담이라고 이름을 붙였습니다.

추위 속에 피는 국화가 짙은 향기를 내뿜는다는 뜻의 국담은 주재성의 호이기도 합니다. 못 옆에다 정자를 짓고 하환정이라고 불렀습니다. 정승·판서 벼슬인들 여기 이 풍경과 바꾸지 않겠다는 뜻이 담겨 있는 이름입니다.

못과 정자 주변에 쌓아올린 돌은 축대를 이루어 둘레보다 도도록하게 높은 언덕이 되었고 주변으로 화초를 심어 무기연당을 완성했습니다. 주재성은 하환정에 앉아서 못과 꽃을 감상하고, 돌 언덕을 가로세로 거닐면서 화초도 기꾸고 여러 가시 생각도 했을 것입니다. 세상이 자기를 어떻게 대접하든 아랑곳하지 않겠다는 선비의 기개가 느껴지기도 합니다.

무기연당의 연당은 연을 심은 못이라는 뜻인데 원래는 연이 국담에서 자랐지만 나중에 관리를 위해 없앴다고 하지요. 무기는 간략하게 설명을 하자면 벼슬이나 지위에 신경 쓰지 않고 흐르는 물에 몸을 씻고 불어오는 바람을 쐬며 자연 속에서 지내겠

무기연당

다는 뜻입니다.

무기연당을 통해서 알 수 있는 주재성의 모습에는 세상에 매이지 않고 자신만의 길을 가겠다는 의지가 담겨 있다고 할 수 있습니다. 또 다른 한편으로는 상처받은 마음을 달래기 위해 스스로를 추스르는 인간적인 면모도 느껴집니다.

그러면 무기연당의 지금 모습은 어떤지 궁금해집니다. 옛날 모습을 그대로 간직하고 있는지 함안군 칠원읍 무기1길 33에 있는 무기연당을 찾아가 봅니다. 다행스럽게도 옛 모습 그대로 아름답게 남아 찾는 이를 반깁니다. 문을 열고 들어서면 가로로 기다란 네모 모양의 국담이 있고 한가운데 솟아 있는 돌로 만든 석가산이 시선을 사로잡습니다.

기다란 국담의 왼편 끝자락에 화환정이 있습니다. 대청마루에 앉아 바라보는 풍경도 무척 멋집니다. 왼편에 서서 국담에 그림자를 늘어뜨리는 소나무가 일품입니다. 그러다 왼쪽으로 고개를 돌리면 하환정보다 조금 큰 건물이 보이는데 풍욕루입니다.

한자를 그대로 옮기면 '바람으로 목욕을 하는 누각'이라는 뜻인데 그만큼 시원하고 멋진 자리라고 보면 됩니다. 그런데 이 풍욕루는 주재성이 처음 무기연당을 지었을 때는 없었다고 하지요. 세월이 흐른 뒤에 후손들이 새로 장만해 들인 것입니다.

何搜亭圖

1850년대에 그려진 하환정도 ⓒ함안군청

풍욕루가 무기연당의 일원이 되면서 움직이는 동선이 길어졌습니다. 그 앞에 내려가는 계단까지 놓이면서 국담은 그냥 바라만 보던 대상에서 발을 적시고 즐기면서 함께 사색을 할 수 있도록 바뀌었습니다. 국담을 중심으로 한 바퀴 걷다 보면 움직임에 따라 제각각 다른 풍경이 펼쳐집니다. 눈에 보이는 것보다 마음에 담기는 규모는 훨씬 크고 넉넉합니다.

사람들은 이런 무기연당을 두고 전남 담양군의 소쇄원과 더불어 우리나라에서 으뜸가는 조선 시대 정원이라고 얘기합니다. 규모가 크지 않지만 답답하지 않고, 고요하지만 심심하지 않은 아름다운 전통 정원의 매력을 가장 잘 보여주고 있습니다.

### 칠원향교

마을에서 어렵지 않게 볼 수 있는 것이 향교와 서원입니다. 그런데 향교와 서원을 제대로 알고 있는 사람들은 그리 많지 않은 것 같아요. 대부분 제사를 지내는 공적인 재실 같은 것이라고 생각을 합니다.

향교와 서원은 지금으로 치면 둘 다 중·고등학교에 해당됩니다. 옛날 학교는 요즘과 달리 공부만 하는 곳이 아니라 제사까지 아울러 지내는 곳이었습니다. 그러니까 향교와 서원이 제사를

지내는 공간이라는 말은 틀리지 않지요.

학교에서 제사를 지낸다고? 지금 학교와 비교를 하면 이상하게 생각할 수도 있겠지요. 요즘 학생들에게 왜 공부를 하느냐고 물으면 대부분 좋은 대학을 가기 위해, 좋은 직장에 가서 돈 많이 벌어서 행복하게 살기 위해 이렇게 이야기를 합니다.

그런데 공부는 삶을 이해하고, 세상을 살아가기 위해 필요한 지식을 배우고 익히는 것이라고 할 수 있습니다. 그러니 시대에 따라 사는 곳에 따라 배움의 내용이 다를 수 있겠지요. 농사가 경제활동의 중심이 되었던 시절과 과학이 발달해서 우주를 탐험하는 지금과는 배움이 같을 수가 없습니다.

옛날에는 사람의 도리와 관계가 중요했고 그런 것을 본받을 만한 인물을 향교나 서원에서 모셨던 거라고 생각하면 됩니다. 공립학교인 향교에서는 국가가 선정한 선현 그러니까 중국의 공자·맹자와 그의 제자들, 거기에다 최치원·설총·안향 같은 우리나라의 유명한 인물도 함께 모셨습니다.

그렇다면 서원에서는 어떤 인물을 모셨는지 어렵지 않게 짐작이 되지요. 서원은 민간에서 설립한 학교인 만큼 특정 인물이 정해진 것은 아니고 설립한 사람들이 모시고 싶은 사람을 자유롭게 모셨습니다. 제자들이 스승을 기리기 위해 서원을 세우는 경우가 많았는데 그래서 서원에 가면 누구를 모시는 서원이다 이렇게 적혀 있지요.

향교와 서원은 모시는 사람은 달랐지만 공부하는 공간과 제사 지내는 공간의 구조와 배치는 비슷했습니다. 학생들이 공부하는 공간은 앞쪽 낮은 데에 두고 선현들을 제사 지내는 공간은 뒤쪽 높은 데에 두었습니다. 본받아야 하는 분들을 높은 데에 모시는 것은 당연한 일이지요.

공립인 향교는 한 고을에 하나씩만 둘 수 있었지만 사립인 서원은 제한이 없었습니다. 그야말로 짓고 싶은 사람 마음이었지요. 그런데 함안에는 향교가 두 군데 있습니다. 칠원읍에 있는 칠원향교와 함안면에 있는 함안향교 이렇게요.

고을마다 하나씩인데 함안에 향교가 2개인 까닭은 행정구역의 변화와 관련이 있습니다. 지금은 칠원읍과 칠서면·칠북면이 함안군에 포함되어 있지만 조선 시대에는 칠원현과 함안군이 별도로 독립되어 있었습니다. 그러니까 한 고을에 하나만 둔다는 원칙이 당시에는 맞았지만 지금 보면 왜 2개지? 이렇게 되는 거지요.

향교는 전국적으로 건물의 이름도 같습니다. 들어가는 정문은 풍속을 교화한다는 뜻의 풍화루, 공부하는 교실은 윤리를 밝힌다는 뜻의 명륜당, 그리고 제사를 모시는 공간은 위대한 성인(공자)을 모신다는 뜻의 대성전 이렇게 말입니다.

그렇다고 향교마다 모든 건물의 이름이 똑같지는 않았습니다. 대성전 앞에 있는 제사 물품을 보관하는 동무와 서무, 그리고 명륜당 앞에 있는 학생들 기숙사인 동재와 서재는 제각각 뜻을 담아 향교마다 다르기도 합니다.

향교와 서원에는 신분과는 상관없이 여자들은 다닐 수가 없었습니다. 기숙사도 신분을 구분했는데 동재는 양반 자제들이, 서재는 평민 자제들이 이런 식으로 말입니다. 당시에도 병역 의무를 지기 싫어서 가짜로 등록한 학생들이 있었답니다. 군대 가기 싫어서 온갖 꾀를 내는 것은 요즘과 별반 다르지 않다는 생각이 들지요. 모든 사람이 다 그렇다는 뜻은 아닙니다.

향교는 공립이다 보니 조정에서 선생님을 내려보내기도 하고 학교 운영비는 모두 나라에서 책임을 졌다고 합니다. 칠원향교를 봐도 잘 알 수 있듯이 홍살문과 함께 높다랗게 자리 잡고 있는 모습이 위풍당당해 보입니다.

그런데 지금 우리가 보게 되는 향교와 서원 중에 멋지고 규모가 큰 것은 서원인 경우가 많습니다. 경북 안동의 퇴계 이황을 모시는 도산서원은 규모가 대단하고 서애 유성룡을 모시는 병산서원은 무척 아름답습니다. 서원의 규모에서 성공한 제자들의 위세를 느낄 수 있지요.

칠원향교는 아쉽게도 건립 연대를 알려주는 기록은 아직 없습니다. 원래는 칠원읍성 서쪽에 있었는데 광해군 말년 또는 인조 초년인 1620년대에 읍성 동쪽으로 이사를 했다고 합니다. 〈칠원읍지〉에는 "1760년에 옮겨 지었다"고 나오는데 이는 읍성 동쪽에서 지금 위치인 읍성 서쪽으로 다시 이사한 것을 가리킴니다. 입구에 1760년 당시 현감을 지냈던 임우춘을 기리는 비석이 들어서 있는 까닭입니다.

## 덕연서원

〈칠원읍지〉의 학교 항목에는 향교만 있고 서원은 하나도 없습니다. 서원의 이름은 대신 단묘 항목에 올라 있습니다. 단은 제사를 지내는 제단이고 묘는 제사를 지내는 사당입니다. 이를 통해 짐작할 수 있는 것은 칠원에 있었던 서원의 경우는 세월이 흐르면서 교육 기능이 사라지고 1800년대부터는 제사 기능이 중심을 차지했을 것으로 짐작해 볼 수 있습니다.

〈칠원읍지〉에서 가장 먼저 나오는 서원은 덕연서원입니다. "칠원현 관아에서 남쪽으로 5리에 있다. 신재 주세붕을 단독으로 모신다. 1650년에 고쳐 지었고 1676년에 임금으로부터 현판을 하사받았다"고 적혀 있습니다.

칠원읍 용정리 예용3길 12-2에 있는 덕연서원은 낙동강을 향해 흐르는 광려천을 끼고 있는 언덕에 자리잡고 있습니다. 옛날에는 학생들 기숙사도 있었겠지만 지금은 소박하고 아담한 강당과 주세붕을 제사 지내는 사당인 존덕사 이렇게 건물 두 채가 남아 있지요.

### 향현사

향현사는 〈칠원읍지〉에 "덕연서원 옆에 있는데 배세적, 주
박, 배석지, 황협, 주맹헌을 모신다"고 적혀 있습니다. 여기 이
다섯 분은 주세붕처럼 전국적으로 유명한 인물은 아니지만 칠
원 지역에서 다들 나름대로 인정을 받았던 인물이었습니다. 그
래서 사당 이름도 고을의 어진 인물을 뜻하는 '향현'이라고 지
었나 봅니다.

그런데 지금 덕연서원 옆에는 향현사가 아닌 덕연별사가 자리 잡고 있습니다. 모시는 인물은 예전 향현사 시절과 같으니까 세월의 흐름에 따라 이름이 바뀌었다고 생각하면 맞을 것 같습니다.

## 무산사

무산사는 〈칠원읍지〉에는 나오지 않지만 덕연서원과 관련이 있기에 한 번 살펴보겠습니다. 무산사는 주세붕을 모시는 사당으로 칠서면 무릉리 무릉길 75에 있습니다. 1869년 흥선대원군의 서원철폐령으로 주세붕을 모시던 덕연서원이 없어지게 되면서 만들어졌습니다.

덕연서원이 문을 닫게 되자 거기서 모시던 선생의 영정이 갈 데가 없어져서 일단 칠서면 무릉리의 주씨 종가 사당으로 옮겼습니다. 그러다 1919년 작은 전각을 세워 영정을 모시면서 그 앞에 공부하는 공간도 마련하고 무산서당이라 했습니다.

지금 가서 보면 앞쪽 평지에 무산서당 한 채가 길게 늘어서 있고 그 뒤쪽 높은 언덕 위에 장판각·광풍각·무산사 세 채가 한 줄로 나란히 서 있습니다. 원래 건물은 6.25전쟁으로 불타버렸고 지금 건물은 그 뒤에 새로 지은 것들이라고 합니다.

주세붕 영정 ⓒ함안군청

　요즘 사람들은 고장에 있는 서원이나 향교를 일부러 찾지는 않지요. 그런데 무산사는 걸음을 해볼 만한 곳입니다. 언덕에 줄 지어 서 있는 배롱나무가 7월부터 9월까지 그 붉은 꽃으로 멋진 장관을 이룹니다. 뒤편 언덕에도 산책로와 정자가 마련되어 있 는데 정자 마루에 걸터앉으면 무산사와 무릉리 마을을 통째로

　　　　　　　　　　　재미있는 우리 칠원읍지

무산사

아우르는 시원한 눈맛도 누릴 수 있습니다.

**홍포사**

〈칠원읍지〉에서 덕연서원과 향현사 다음으로 꼽은 사당은 홍
포사입니다. 이곳에는 "윤환, 윤자당, 윤지, 윤석보, 윤탁연을 모
신다"고 되어 있습니다. 그러고 보니 모두 윤씨입니다. 칠원 윤
씨들이 대대로 살아오면서 문중을 대표하는 유명한 인물을 모시

홍포사

는 공간입니다.

원래는 낙동강 강가에 바짝 붙은 남지철교 조금 못 미쳐 칠서면 계내리 지금 능가사 자리에 있었는데 가서 보면 옛날 흔적을 알리는 비석만 남아 있습니다. 대신 홍포사는 홍포서원과 더불어 같은 칠서면 계내리의 공단북안길 66에 들어서 있습니다.

가장 안쪽에는 문중 재실인 상포재가 있고 왼편으로 홍포서원과 홍포사가 차례대로 놓여 있습니다. 아름드리 은행나무가

서 있는 야산 자락에 자리 잡은 홍포사는 남향으로 햇살이 푸근하고 막힘없는 시야가 가슴을 시원하게 해 줍니다.

바로 앞 야산 능선에는 칠월 윤씨의 시조 윤시영을 비롯해 12세손 윤을부와 17세손 윤길보 등 선조들의 묘역이 있습니다. 이를 '상포선영'이라고 하는데 여기에 선조들을 기리는 대규모 비석들까지 어우러져 문중 서원의 성격을 뚜렷하게 보여주고 있습니다.

### 태양서원·청계서원과 충효사

〈칠원읍지〉에는 이밖에도 서원과 사당이 예닐곱 곳이 더 나옵니다. 지금까지 이름이 그대로인 것은 청계서원(칠서면 청계1길 116-12)과 태양서원(칠북면 영동1길 33-43) 두 곳입니다. 비록 건물이 수백 년 전 처음 모습 그대로는 아니지만 꾸밈이 없고 단순·소박한 맛을 느낄 수 있습니다.

유계사·용강사·용호사·운곡사 등 나머지 서원과 사당은 지금 모두 사라지고 없습니다. 또 기양서원도 없어진 것은 다르지 않지만 무기연당 안으로 옮겨 충효사라는 이름으로 들어서 있습니다.

청계서원

## 장춘사

장춘사는 함안에서도 삼칠 지역을 대표하는 절간입니다. 1980년대까지만 해도 삼칠 지역 초·중학교 학생들이 봄·가을에 소풍을 갔던 곳이기도 합니다. 그런 까닭에 이 지역에서 어린 시절을 보냈던 어른들은 다들 장춘사에 대한 추억 몇 개는 지니고 있지요.

요즘은 차를 타고 소풍을 가지만 걸어서 소풍을 갔던 시절에

　　　　　　　재미있는 우리 칠원읍지

장춘사의 소박한 삽작문

는 장소도 그렇지만 목적지에 이르는 길이 중요했습니다. 장춘사는 규모가 큰 절은 아니지만 무엇보다 길이 아름다운 절간입니다. 가파르지 않으면서 꼬불꼬불 오솔길이 숲 그늘을 이루며 이어집니다. 지금은 차가 다닐 수 있도록 손질을 해서 편리해지긴 했지만 운치는 예전만 못해 아쉽지요.

 장춘사의 가장 큰 특징은 소박함에 있습니다. 중심 전각인 대웅전도 크지 않고 조사당·약사전·산신각·독성각은 물론이고 마당의 오층석탑마저 조그맣습니다. 하지만 그중에서도 소박함의 으뜸은 뭐니뭐니해도 출입문이라 할 수 있습니다.

여느 절간들은 우람한 일주문을 세워 안팎의 경계를 일러줍니다. 그런데 여기는 대나무를 엮어서 만든 사립문이 무심하게 서 있을 따름입니다. '무릉산 장춘사' 편액이 걸린 정문은 살짝 돌아앉았는데 고개를 숙여야 할 만큼 나지막하고 너비는 두 사람이 나란히 들어가기에도 비좁을 정도입니다.

대웅전 앞 무설전 옆 '무릉도원 사시장춘'이라고 적힌 마루는 따사로운 햇살 바라기를 하기에 더없는 좋은 자리입니다. 대웅전 뒤편 언덕에 서 있는 감나무에 주렁주렁 홍시가 매달린 늦가을 풍경은 장춘사를 한층 돋보이게 해 줍니다.

여기까지만 읽고 소박한 이미지의 장춘사를 떠올리며 절을 찾는다면 아마 깜짝 놀랄지도 모르겠습니다. 최근 들어 언덕배기 감나무 옆자리에 화려찬란한 금빛 전각이 들어섰기 때문입니다. 황금빛 전각은 소박함을 압도하고도 남음이 있습니다.

부처님의 뜻과는 별 상관 없이 인간의 욕심이 앞서는 이런 풍경은 지금 우리의 모습을 그대로 보여주고 있는 것은 아닐까 그런 생각이 들게 합니다. 어쨌거나 장춘사는 무릉산 중턱에 자리잡은 칠원의 명물입니다.

**광심정**

앞서 멸포=매포 있던 자리가 지금 함안보가 들어서 있는 일대라고 했지요. 〈칠원읍지〉를 보면 여기 "언덕 위에 누각이 있다"고 되어 있습니다. 누각의 이름은 적혀 있지 않은데 아마도 매포루 아니면 광심정이었을 것 같습니다. 먼저 매포루는 가장 유명한 칠원 출신 역사인물인 신재 주세붕 선생이 지은 한시에 나옵니다. 이 시를 보면 정자에서 바라보는 풍경이 매우 멋졌던 모양입니다.

강가의 아침노을이 단청 입힌 처마에 일렁이고
신령스런 봉우리의 저물녘 푸른 빛이 주렴 틈새로 스며드네
만약 매포루에서 보는 절경을 그려서 판다면
만곡에 가득한 황금조차 오히려 값쌀세라.

그런데 지금은 매포루가 없어졌는지 보이지 않고 대신 광심정(칠북면 봉촌리 봉촌2길 277)이 눈에 띕니다. 1569년 처음 지어진 정자였는데 임진왜란 때 부서진 것을 1664년에 송지일이라는 분이 고쳐 지으면서 광심정 이름을 붙였다고 합니다. 강변 언덕 위에 들어선 것이 〈칠원읍지〉에 나오는 기록과 맞아떨어집니다.

광심정

북쪽을 보고 들어선 건물 뒤편으로는 나무가 우거져 있고 앞에는 낙동강이 서쪽에서 동쪽으로 호탕하게 흘러갑니다. 마루에 앉아 강물과 들판 너머로 멀리 눈길을 던지면 영산 영축산과 창녕 화왕산이 우뚝 솟은 산세를 자랑하지요. 언제 시간을 내어 찾아가 여유로운 한때를 즐길 만한 자리입니다.

재미있는 우리 칠원읍지

## 상봉정과 합강정

상봉정은 함안 출신으로 칠원으로 옮겨와 지금의 칠서면 계내리 내내마을에서 살았던 조임도라는 인물이 지은 것인데 지금은 없어졌습니다. 〈칠원읍지〉에 명승지로 나오는데 적어놓은 글을 보면 그림처럼 아름다웠던 것 같습니다.

"푸른 강에 맑은 모래가 10리에 걸쳐 띠 하나를 두른 것처럼 펼쳐져 있다. 그 위에 정자가 하나 있는데 봉황이 공중에서 바람을 맞아 솟아나는 것처럼 날아갈 듯해서 이름을 상봉정이라 한다."

남지철교 남쪽 끝자락 커다란 은행나무가 서 있는데 조임도가 생전에 심은 것이랍니다. 그래서 지금 사람들은 여기 일대에 상봉정이 있었을 것으로 짐작합니다. 〈칠원읍지〉에는 조임도가 상봉정을 두고 쓴 한시도 있습니다.

상봉정에 봉황은 돌아오지 않고
표연히 흰 구름 사이로 곧장 솟아올랐네
이제부터 강산에 정해진 주인이 없으니
밝은 달 맑은 바람이 오래오래 한가하네.

합강정 옆에 새로 자리 잡은 상봉정

조임도는 30대부터 여기서 살다가 늙어서는 서쪽으로 3km 남짓 떨어진 용화산 산속에 합강정(대산면 구암로 469)이라는 정자를 짓고 살았습니다. 지금 가면 새로 쓴 것이기는 하지만 상봉정 현판을 단 기와집이 따로 마련돼 있습니다. 상봉정과 합강정은 조임도라는 인물로 연결되어 있습니다.

# 5. 〈칠원읍지〉에 담긴 역사유적

## 칠원읍성

함안에는 읍성이 두 개 있습니다. 함안면에 함안읍성이 있고 칠원읍에 칠원읍성이 있습니다. 읍성은 지금으로 치자면 군청·시청 같은 옛날 관아 건물과 주변 기관 또는 민가를 둘러싸는 성을 말합니다. 옛날에는 함안군과 칠원현이 따로 있었으니 읍성도 당연히 두 개였지요.

칠원읍성에 대해 〈칠원읍지〉는 "돌로 쌓았으며 둘레가 1595척이고 높이가 11척이다"라고 적었습니다. 요즘으로 환산하면 둘레는 483m이고 높이는 3.3m 남짓입니다. 〈조선왕조실록〉을 보면 1492년에 처음 쌓았습니다. 높이는 11척으로 같지만 둘레는 1660척으로 조금 다릅니다. 칠원초등학교와 칠원전통시장을 아우르고 동쪽 주택가까지 포함하고 있었습니다.

지금은 대부분 허물어져 눈으로 볼 수 있는 흔적은 별로 남아

칠원초등학교 정문 바로 옆에 남은 칠원읍성

있지 않습니다. 다만 칠원초등학교 정문으로 들어가면서 바라보는 오른쪽 담장(서쪽) 부분에는 옛날 모습 그대로의 성벽이 제법 길게 줄지어 있고 원구성 마을 입구에는 동남쪽 성벽이 조금 남았습니다.

이밖에 전통시장과 주택가 몇몇 곳에 읍성 흔적이 나타납니다. 대부분이 사라져서 아쉽지만 지금 남은 것이라도 잘 보존하면 좋을 것 같습니다. 앞으로 이루어질 발굴에서 나머지 칠원읍성의 모습이 온전하게 나타나기를 기대해 봅니다.

## 선정비

〈칠원읍지〉에는 칠원에서 현감을 지낸 역대 인물 180명이 실려 있습니다. 언제 왔으며 언제 그만뒀는지가 적혀 있는 사람은 158명입니다. 이 중에는 당연하게 백성들을 위해 좋은 정치를 했다고 칭송을 받을 만한 사람들도 있었습니다.

이런 현감들을 위해 지역 주민들은 선정비를 세웠습니다. 사람 이름을 가운데에 크게 새기고 그 업적을 이름 둘레에 작은 크기로 새겼습니다. 이런 선정비가 칠원읍 용산리 서남2길 10에 제법 많이 남아 있는데 모두 23기입니다.

〈칠원읍지〉에서 선정비가 세워졌다고 적힌 인물을 꼽았더니 제법 많았습니다. 남질 어수일 이계영 유장창 박장세 권계형 박정빈 이시한 전만최 이지장 원차주 유집 구관징 임우춘 박명섭 최심건 이장열 박신영 조정하 한희석 신응균 이규환으로 모두 22명입니다.

선정비 23기 중에 글자가 희미해져 보이지 않는 것은 빼고 〈칠원읍지〉에서 선정비를 세워준 사람을 찾아봤더니 이지장 이장열 박진영 이규환 4명이었습니다. 그리고 1659년 10월~

칠원전통시장 근처에 있는 선정비들

1661년 6월 현감을 지낸 이시배는 선정비를 세웠다는 기록은 없지만 실제로는 남아 있어서 이채롭습니다.

선정비가 칠원만큼 많이 남아 있는 경우는 그다지 많지 않습니다. 지금 칠원과 함께 하나가 되어 있는 함안은 6기 정도가 있으니까요. 경남 전체를 아울러 보아도 창녕이 비교적 많고 나머지는 대부분 함안읍성처럼 10기가 채 되지 않거나 없습니다.

크게 두드러지는 것은 아니지만 마을마다 어렵지 않게 볼 수

재미있는 우리 칠원읍지

있는 문화재가 있습니다. 효자비 열녀비 그리고 선정비를 꼽을 수 있지요. 그런데 요즘 사람들은 그런 것에 그다지 관심이 없습니다. 옛날에 세워졌던 것이려니 정도로만 여기니까요. 하지만 내용을 알고 보면 지역의 역사가 생생하게 담겨 있는 귀중한 문화재라는 사실을 알게 됩니다.

## 선정비를 세워준 이유는

선정비는 대부분 백성들에게 도움이 되는 업적을 이룩한 관리들에게 세워주는 게 맞지만 그렇지 않은 경우도 있었습니다. 선정이 아니라 악정을 일삼는 원님에게 "제발 좀 봐 주세요" 하고 사정하기 위하여 세운 선정비도 있다고 하니 재미있지요.

〈칠원읍지〉는 선정비를 세운 이유까지 자세히 적지는 않고 그냥 "선정비를 세웠다" 또는 "선정비가 있다"고만 했습니다. 그래서 조선 시대 중앙 정부에서 작성한 기록을 찾아봤더니 유집과 박명섭에 대한 얘기가 이렇게 적혀 있었습니다.

유집에 대한 기록은 1737년 12월 17일 〈승정원일기〉에 나옵니다. "고을이 아주 미약한 힘없는 수령이었는데, 흉년에 백성 구제를 잘한 내용을 보면 고을이 넉넉하고 힘센 수령보다 훌륭하였습니다. 경상감사가 그 사람을 첫머리에 올렸습니다." "칠원현감 유집입니다. 외모는 잔약한 듯하지만 백성을 걱정하고 베푸는 태도는 성심이었습니다. 자기가 타는 말을 팔면서까지 구제하는 재원에 보탰습니다."

박명섭은 〈정조실록〉 1798년 11월 15일에 기록되어 있습니다. 지역민들에게 부당하게 매겨진 조세를 크게 줄여 주었다는 내용입니다. 칠원은 원래 1812명에 대한 조세만 내면 되는데 조정에서 여러 이유를 붙여 2580명에 대한 조세를 물도록 했습니다. 그러자 박명섭은 즉각 임금에게 상소문을 올려 바로잡았습니다.

지금은 먹을 것이 풍족해 끼니를 굶는 일이 드물지요. 그런데 알고 보면 우리가 이렇게 물질적인 풍요를 누린 것이 그리 오래된 일이 아닙니다. 조선 시대는 물론이고 1950~60년대만 해도 대부분 굶주림에 허덕거려야 했으니까요. 이런 실정에 조세가 1년에 쌀 한 말만 늘어나도 부담이 엄청났던 거지요. 이를 박명섭 현감이 앞장서 해결해 주었던 겁니다.

## 낙동강 뱃놀이

옛날에는 사람이 죽으면 그 사람의 일대기를 새긴 비석을 무덤 앞에 세웠습니다. 물론 평민이나 천민은 그렇게 못했고 주로

재미있는 우리 칠원읍지

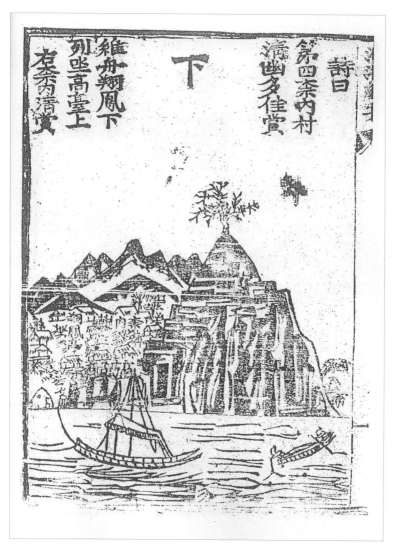

용화산하동범지도에 나오는 내내마을 풍경

양반들의 무덤에만 있었습니다. 이를 묘갈 또는 묘비라고 하는데 거기에 새긴 글이 〈칠원읍지〉에 여러 편 실려 있습니다.

　이 가운데 두암 조방(1557~1638년)과 도곡 안정(1574~1636년)이라는 인물의 묘갈에 눈여겨볼 만한 대목이 나옵니다. "한강 정구, 여헌 장현광, 망우당 곽재우를 비롯한 여러 훌륭한 분들과 함께 용화산 아래에서 뱃놀이를 했다"고 적혀 있거든요.

　이름이 나오는 세 분 가운데 망우당 곽재우 장군은 홍의장군으로 널리 알려진 임진왜란 의병장입니다. 가장 먼저 의병을 일으킨 장군으로 정암진전투 등 왜적과 맞서 싸워 한 번도 지지 않고 모두 이겨서 당대에 이미 이름이 높았습니다.

한강 정구와 여헌 장현광도 곽재우 장군에 비하면 덜 알려졌지만 역시 대단한 분들입니다. 셋 가운데 가장 나이가 많은 한강 정구는 함안군수를 지낸 적도 있고 학문으로도 존경을 받을 만한 인물이었습니다. 뿐만 아니라 임진왜란 때에는 강원도 일대에서 왜적을 물리친 장수이기도 했습니다. 나이가 가장 적은 여헌 장현광 역시 학문에 뛰어난 자질을 인정받아 훗날 영남에서 으뜸가는 학자로 성장을 한 분입니다.

임진왜란이 막 끝난 1607년 1월 27~28일에 있었던 뱃놀이는 참여한 인원만도 35명이었으니 당시로서는 대단한 규모라 할 수 있겠습니다. 이날 뱃놀이는 단순히 유흥을 즐기는 자리가 아니라 민족 최대의 시련이었던 임진왜란을 이겨낸 위로와 자축의 모임이었습니다.

참여한 이들의 면면을 보면 이 뱃놀이의 성격을 바로 알 수 있습니다. 술자리를 마련한 조방은 칠원 의병장이고 술잔을 돌린 신초는 영산 의병장입니다. 함안군수 박충후는 경북 상주·함창의 의병장이고 이숙·노극홍·박진영·이명념은 함안 출신 의병장이며 신응·신방집·이도자는 영산 출신 의병장으로 모두 12명이 의병장이었습니다.

그러면 23명이 남습니다. 이 가운데 11명은 부모상을 당했거

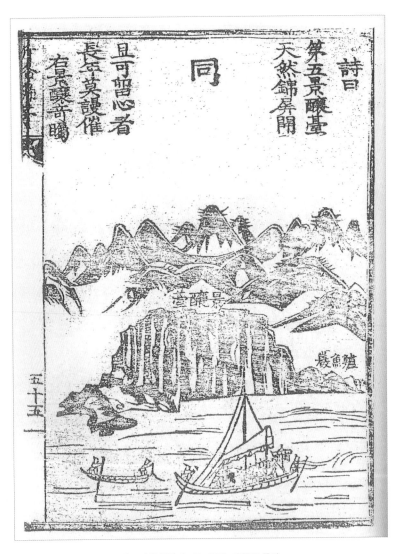

용화산하동범지도에 나오는 경양대 풍경

나 늙어서 예순 살이 넘었거나 부모 처자의 생계를 책임져야 했던 사람들입니다. 나머지 12명은 전란 당시 스무 살에 미치지 못한 어린 세대였습니다. 이들에게 뱃놀이는 그야말로 훌륭한 인물을 뵙고 말과 생각과 행동을 배우는 귀한 자리였습니다.

일행은 곽재우 장군이 살고 있던 창녕의 망우정에서 배를 타고 출발해서 경양대를 지났습니다. 그러고는 내내 마을에 올라 산천의 빼어난 경치를 두루 구경한 다음 도흥 마을에 머물러 쉬었습니다. 이때 두암 조방은 친형인 입암 조식과 함께 술자리를 마련했습니다.

함안의 삼칠 지역에 해당되는 낙동강에서 400년 전에 이처럼 대단한 뱃놀이가 있었다니 그저 놀라울 따름입니다. 임진왜란을 이겨낸 전쟁영웅들, 전란의 참혹함을 온몸으로 감당한 어른들, 전란이 남긴 상처를 극복하고 새 세상을 열어 나갈 할 젊은 세대가 한데 어우러진 뜻깊은 뱃놀이였습니다.

용화산 아래 낙동강에서 뱃놀이를 했던 당시 모습이 용화산 하동범지도 여덟 장으로 남아 있습니다. 이 모임에 참석했던 박진영 의병장의 후손 박상절이 주관하여 1744년에 그린 그림들인데요. 같은 박상절이 1758년에 발간한 <기락편방>이라는 책에 실려 있습니다.

## 지금은 사라진 남정자

〈칠원읍지〉의 역대 현감 명단에서 가장 앞자리에 놓인 이름이 남질입니다. 조선 초기인 세종~성종 때 사람으로 선정을 베풀었으며 그 때문에 "지금도 그가 심은 나무를 남정자라고 한다"고 적었습니다. 여기서 '지금'은 〈칠원읍지〉가 마지막 편찬된 1855년을 말합니다.

남정자에서 '남'은 남질 현감의 성을 가리킵니다. '정자'는 나

칠원초등학교 옆 주차장에 자리 잡고 있는 노거수

재미있는 우리 칠원읍지

무가 크게 자라 그늘이 정자처럼 크고 시원하다고 해서 붙여졌습니다. 아마 칠원읍성 안에 심었는데 지금 읍성 안에 있는 여러 노거수들도 모두 멋지지만 남정자는 그보다 훨씬 더 멋지지 않았을까 싶습니다.

남정자는 다른 기록에도 나옵니다. 1500년대의 인물 신재 주세붕은 남정자를 칠원의 멋진 풍경 여덟 곳 가운데 하나로 꼽으면서 "우리나라 모든 고을에 나무가 무한하게 많지만, 오직 남정자만이 역사의 향기를 입었네"라고 했습니다.

역사의 향기라는 말이 유독 눈길을 끕니다. 이 말에 어떤 의미가 담겨 있는지는 1818년에 세상에 나온 〈목민심서〉를 보면 단서를 찾을 수 있습니다. '고을 수령이 이미 떠나갔는데도 그리워하며 그가 심은 나무까지 사랑하고 아끼는 경우'를 말하면서 남정자를 보기로 삼았습니다.

〈목민심서〉는 이를 '선정을 베푼 원님이 교체되었을 때 일어나는 일 가운데 하나'로 꼽았습니다. 남질 현감의 선정이 어느 정도였는지를 짐작하게 합니다. 이 나무가 지금껏 살아 있다면 우리도 역사의 향기를 맡을 수 있을 텐데 아쉽습니다.

# 6. 〈칠원읍지〉에 담긴 색다른 이야기들

### 칠원에서 민란이?

〈칠원읍지〉를 보면 1868년 11월 조현택 현감이 민란이 일어나게 했다는 이유로 붙잡혀 의금부에 끌려가 수사를 받았다는 대목이 있습니다. 민란은 조세가 무겁거나 지배가 악랄한 경우 일반 백성들이 들고일어나 저항하는 것을 말하고 의금부는 요즘으로 치자면 검찰청에 해당됩니다.

〈칠원읍지〉에는 더 이상 자세한 내용이 나오지 않는데 〈고종실록〉 1868년 11월 30일자를 보면 "백성 수천 명이 무리를 모아 악행을 저지르고, 객사에 모여 곡을 하고 수령을 몰아내었습니다. 현감 조현택이 백성들에게 신임을 받지 못해 흔치 않은 변고가 생겼으니 먼저 현감을 파출하소서"라고 신하들이 임금께 아뢰는 장면이 나옵니다.

이에 고종 임금은 먼저 '난동을 부린 수괴들'부터 잡아 목을 베게 하고 조현택 현감은 나중에 천천히 처리했습니다. 수령이 아무리 잘못했어도 그 시대에는 임금을 대신하는 관리였으니 임금에게 대든 일반 백성의 죄가 훨씬 더 크다는 뜻이지요.

그렇게 해서 황상기 이도여 전홍이 윤달주 4명은 각각 주동, 객사 난동, 선봉, 수령 공격을 이유로 목이 잘리는 효수형을 당했습니다. 김감천 등 백성 4명과 김병인 등 아전 3명은 이에 호응하거나 이름을 올렸다는 이유로 곤장형을 두 차례 받은 다음 멀리 귀양 보내졌습니다. 이밖에 김채현 등 8명도 유배형에 처해졌고 김병두 등 12명은 곤장을 맞고 풀려났습니다.

그러면 현감 조현택은 어떻게 되었을까요? '백성들을 어루만져 편안하게 돌보는 수령의 직책을 제대로 수행하지 못했으므로 죄가 매우 무겁다'는 판결을 받았습니다. 그래서 곤장 30대를 한 차례 맞은 다음 전라도 강진으로 유배되었습니다. 조현택은 고종 임금이 1년 남짓만에 풀어주었지만 민란을 일으킨 백성들의 유배는 풀어주지 않았습니다.

민란은 요즘으로 치자면 시위나 데모 같은 것이라고 할 수 있습니다. 지금은 자신의 권리를 찾기 위한 정당한 행위로 인식이 많이 바뀌었지요. 하지만 옛날 양반들은 국법과 질서를 어지럽히는 어리석은 폭동으로 여기거나 임금에 대한 저항이나 도전으로 받아들였습니다.

## 막강했던 고을 원님의 권한

원님은 해당 고을에서 임금을 대신하는 존재라고 할 수 있습니다. 그런 만큼 수령은 권한이 엄청나게 세었습니다. 그런 바탕에는 나름의 이유가 있었지요. 지금은 일반 국민들을 상대로 하는 권한이 영역에 따라 나뉘어져 있습니다.

세무서장은 조세 거두는 권한, 경찰서장이나 검찰청장은 범죄자를 수사하는 권한, 법원장은 법률에 따라 심판하는 권한, 군대 장군은 병사를 동원하는 권한, 시·군의회는 조례를 만드는 권한 이런 식으로 말입니다. 그런데 그때는 이런 모든 권한을 수령이 다 가지고 있었습니다.

그렇다고 아무런 통제도 없고 무조건 행사해도 되는 권한은 아니었습니다. 먼저 경상도 관찰사의 관할 아래 사소한 사항까지 보고하고 결재를 받았습니다. 관찰사는 지금의 도지사를 말하지요. 군사 관련은 병마절도사와 삼도수군통제사의 지휘를 받았으며 조세 관련은 마산창에 있는 전운사의 관리를 받았습니다. 원님들은 이런 기관들이 있는 대구, 진주, 통영, 창원으로 하루가 멀다 하고 험한 길을 출장 다녀야 했습니다.

재미있는 우리 칠원읍지

## 그러면서도 파리목숨이었던 원님

텔레비전 역사 드라마를 보면 동헌 마당에 사람을 꿇어앉혀 놓고 "여봐라! 네 죄를 네가 알렸다!! 저놈을 매우 쳐라." 호통치는 장면이 종종 나오지요. 그런데 이런 장면을 곧이곧대로 받아들이면 곤란합니다. 법도 원칙도 없이 맘대로 하는 재판을 '원님재판'이라 하지만 실제 그렇게 했다가는 바로 파면당하고 잘못하면 곤장을 맞고 귀양을 살기도 했습니다.

〈칠원읍지〉에 보면 그렇게 해서 파면당한 원님이 41명입니다. 선정비가 세워진 칠원현감은 22명이니 그보다 두 배가량 많은 셈이지요. 파면의 종류도 대파·폄파·나파·수파·장파로 다섯 가지나 적혀 있습니다.

먼저 수령이 범죄를 저질렀을 때 적용되는 나파는 〈칠원읍지〉에 정경증 김붕운 조붕 3명이 나오는데 자세한 내역은 적혀 있지 않습니다. 〈영조실록〉에서 김붕운이 확인되는데 칠원에 귀양 온 대역죄인 윤근 대신 다른 사람이 점고받도록 해주는 불법을 저질렀다고 합니다. 점고가 뭐냐고요? 죄인이 제대로 벌을 받고 있는지 자세히 살피는 것을 말한답니다.

다음으로 수파는 암행어사의 감찰에 걸려 파직되는 것인데 〈칠원읍지〉에 유진국과 이상덕 2명이 나옵니다. 그중에 유진국은 재판하는 방법을 제대로 몰라서 아전에게 맡겼다가 속임을 많이 당했던 것이 암행어사에게 적발되었다는 내용이 〈승정원일기〉에 나옵니다.

그리고 대파는 지금으로 치면 감사원과 비슷한 사헌부의 감찰에 걸려 파직당하는 것입니다. 〈칠원읍지〉에는 표정준 박현 서명국 등 3명의 현감이 대파당했다고 적혀 있습니다.

또 장파는 직속 상관인 관찰사가 임금에게 올리는 보고서에 잘못이 적혀 파면당하는 경우입니다. 〈칠원읍지〉에는 이신민 이덕민 조양 김영종 김성도 이동설 전만최 김치흡 이덕윤 양주익 김동철 등 11명이 올라 있습니다.

파면 처분은 전에 잘한 적이 있거나 선정을 베풀었어도 잘못이 드러나면 어김없이 집행되었습니다. 양주익은 칠원현감 초기에 자기 봉급을 털어넣는 등 굶주리는 백성들을 정성껏 구제했다는 칭찬을 받았지만 이태 뒤에 파면되었다는 기록이 〈일성록〉에 나옵니다.


**조선에 이미 근무 평가가 있었다고?**

마지막으로 폄파가 있습니다. 심필기 최세화 이필 윤세정 어사적 김성팔 홍언복 한명인 신숙 김도정 박종림 윤홍정 정봉현

재미있는 우리 칠원읍지

김장혁 권봉하 박희병 이우빈 장돈근 황양호 정석언 성낙소 이유성 등 22명으로 가장 많습니다.

근무성적을 평가한 결과 좋은 점수를 받지 못했던 것입니다. 이처럼 조선 시대에도 나름 잘 짜인 제도가 가동되고 있었던 거지요. 6월과 12월에 근무성적을 평가했는데 평가 항목은 백성들의 실생활과 밀접하게 관련된 여덟 분야였어요.

상 중 하 셋으로 나눠 점수를 매겼는데 승진을 하려면 열 번 평가에서 열 번 모두 상을 받아야 할 만큼 엄격했습니다. 또 열 번 평가에서 중을 두 번 받으면 봉급을 주지 않았고 중을 세 번 받거나 하를 한 번이라도 받게 되면 바로 파면되고 말았습니다.

실상을 알고 보니 어떤가요? 조선 시대 원님들이 촘촘하게 근무 평가를 받았고, 그래서 맘대로 백성들을 다스렸다가는 가차없이 처벌을 받았다는 이야기는 놀랍지요. 고을 원님은 권력을 누리는 자리가 아니라 그야말로 극한 직업이라 해도 지나치지 않을 정도로 업무도 많았고 규정도 철저했으니까요. 여태까지 막연하게 그냥 대충하지 않았을까 생각했다면 '와~ 이 정도였다니!' 싶을 겁니다.

그런데 파면당하면 연금도 절반으로 줄고 공무원 생활이 끝인 요즘 공무원들과는 다른 점이 있었습니다. 파직에 처벌까지 더해져도 아주 특별한 경우가 아니면 임금과 조정의 판단에 따라 다시 등용될 수 있었던 거지요. 그렇다 보니 파면을 당하는 사람도 벼슬살이를 하다 보면 생길 수 있는 그런 일로 여겼습니다.

### 수령의 봉급은 얼마였을까?

요즘 봉급은 다달이 정해진 날에 자동이체로 받는데 현감은 월급을 얼마나 어떻게 받았는지 궁금하지요. 옛날에는 월급날이 따로 없었는데 들판에서 곡식을 수확하는 때가 봉급날이었습니다. 봉급을 돈이 아니라 농지로 주었기 때문입니다.

그런 농지를 아록위라고 했는데 칠원 원님은 20결을 받았는데 1결은 대략 3300평가량으로 보면 맞습니다. 풍년이 들면 봉급이 많아지고 흉년이 들면 봉급이 줄어드니 가뭄이 들거나 홍수가 나면 원님들 가슴이 철렁하지 않았을까요. 물론 이밖에 분량을 정해놓고 받는 쌀과 콩도 있었습니다.

수령에게 주어지는 농지로는 공수위라는 것도 있었는데 15결 크기였습니다. 수령 개인의 주머니에 들어가는 것이 아니고 관아의 건물을 유지·보수하거나 다른 데서 출장 오는 관리들을 대접하는 데 쓰는 땅이었으니 말하자면 공금인 셈이지요.

그렇다면 칠원현감과 함안군수의 봉급이 같았을까요? 아록

위는 함안이 40결로 칠원보다 곱절이 많습니다. 반면 공수위는 함안과 칠원이 모두 15결로 똑같습니다. 땅과 인구가 함안이 훨씬 넓고 많기 때문에 아록위는 차이가 나고, 수리할 건물과 대접할 관리의 숫자는 비슷해서 공수위가 같았는지, 그 기준을 어떻게 정했는지도 흥미롭습니다.

또 농사짓는 면적에 따라 백성들한테서 꿩·닭과 달걀, 무명 옷감과 땔감·쇠붙이를 거두어들이기도 했습니다. 8결마다 꿩과 닭 반 마리씩에 달걀 네 알 그런 식으로 말입니다. 요즘은 이렇게 하면 난리가 나겠지요. 봉급을 두고 옛날과 지금을 서로 비교해 보는 것도 재미있습니다.

**조세 싣고 서울 가는 머나먼 뱃길**

지금은 서울까지 비행기를 타면 한 시간 만에 갈 수 있습니다. 기차나 고속버스를 타도 네 시간 정도면 도착하지요. 그렇다면 옛날에는 서울까지 얼마나 걸렸을까요? 〈칠원읍지〉에 서울까지 828리이고 9일이 걸린다고 나오는데 걸어 가면 그렇다는 얘기입니다.

지금은 고속도로나 철도가 잘 닦여 있지만 옛날의 육로는 좁고 험해서 짐이 많은 경우에는 다니기 어려웠습니다. 대신 배를 타고 바다 물길로 서울에 갔습니다. 마산에서 배를 타고 서울까지 가는 멀고도 험난한 뱃길이 〈칠원읍지〉에 나옵니다.

조세로 거둔 쌀을 싣고 조정이 있는 서울에 바치러 가는 항로입니다. 장장 두세 달이 걸리는 뱃길이었다고 합니다. 가는 도중에 몇 군데나 거치는지 한 번 세어보도록 합니다. 그때는 당연했겠지만 지금 사람들 입장에서 보면 정말 어마어마하다는 생각이 들지 않나요?

"2월에 창원의 마산조창에서 거두어들여 3월에 조운선에 싣는다. 마산에서 배가 출발해 거제 견내량~고성 사량도 동강~남해 노량~전라도 순천 구도~흥양 희연도~장흥 우두도~영암 갈두포~진도 벽파정~나주 적도~무안 탑성도~영광 법성포~무장 안변포~만경 군산~옥과 요죽도~충청도 당진 원산도~해미 안흥~정상 구미포~태안 서근포~보령 난지도~경기도 부평 수취도~강화 각 고지포 연미정~보상강~가을두강~마포를 향해 간다. 두세 달 만에 서울에 이르러 군자창과 선혜창의 두 곳 창고에 들인다."

### 칠원에 화전민이 있었다?

칠원에서 거두어들이는 조세 가운데 화세라는 것이 있었습니다. 화전에 매기는 조세가 화세인데 "30필 16척이고 한 필은 2냥3전에 해당한다"고 적혀 있습니다. 이렇게 화세를 매겼다면 화전이 있었을 것이고 그렇다면 화전을 부쳐 먹는 화전민도 있었다는 얘기가 됩니다.

화전이란 농사를 지을 수 없는 산에 불을 질러서 풀과 나무를 태운 재를 거름으로 삼아 농사짓는 땅을 가리킵니다. 화전은 임진왜란 이후 농지가 일부에게 집중되고 난리통에 떠도는 사람이 많아지면서 덩달아 늘어났지요. 산비탈에 만들다 보니 벼농사는 못 짓고 주로 보리 감자 고구마 콩 같은 밭농사를 지었습니다.

화전이라 하면 우리는 강원도 고산지대 깊은 골짜기에서나 짓는 것으로 생각합니다. 그나마 이제는 거의 사라지고 마지막 화전민이 어쩌다 한 번씩 텔레비전에 나오는 정도지요. 비록 옛날이지만 그런 화전민이 우리 칠원에도 있었다니 참 뜻밖이라는 생각이 듭니다.

### 나이로 벼슬을 했다

"나이가 벼슬이다." 가끔씩 어른들이 이런 말을 합니다. 그런데 이게 무슨 뜻일까요? 나이가 많은 어른이 젊은 사람들 앞에서 별다른 까닭 없이 뻐기거나 할 때 쓰는 말입니다. 나이만 빼면 오히려 못한데도 나이를 앞세워 잘난 척하는 것을 비웃는 표현이라고 할 수 있지요.

그런데 〈칠원읍지〉를 보니 옛날에는 진짜 나이가 벼슬이었네요! 나이가 많다는 이유만으로 벼슬을 주었으니까요. 이를 두고 한자로 목숨을 뜻하는 수(壽)와 벼슬을 가리키는 직(職)을 써서 '수직'이라 했습니다. 실제로 일하지는 않지만 명예로 주는 벼슬이었습니다.

　나이가 여든에 이르면 양반이든 평민이나 천민이든 가리지

않고 벼슬을 주었습니다. 물론 명예직이라 봉급은 나오지 않았지만 조세를 매기거나 처벌할 일이 생겼을 때 사정을 봐주는 혜택은 있었다고 합니다.

옛날 농경사회는 세상이 빨리 변하지 않았습니다. 그런 사회에서는 지식보다는 지혜가 더 필요할 수 있습니다. 오래 살면서 많은 경험을 한 사람이 세상 사는 지혜도 높았습니다. 노인에 대한 단순한 공경의 차원이 아니라 나이가 들면 갖추게 되는 지혜에 대한 존중의 의미도 수직에 들어 있었습니다.

지금은 의학이 발달해서 100세 시대라고 해서 여든을 두고 오래 살았다고 하지는 않지요. 하지만 불과 50년 전만 해도 환갑(만 60살)만 되어도 장수했다는 말을 들었습니다. 여든까지 살면 나라에서 벼슬을 내렸다는 것은 다르게 보면 그 시절에는 그만큼 오래 사는 사람이 드물었다는 이야기도 되겠지요. 그렇다면 여든을 넘긴 사람들에게 어떤 벼슬을 내렸는지 궁금합니다.

"안시호·안명기·황준형:수직으로 첨지중추부사를 했다."
"배진구:수직으로 자헌대부 정2품동지중추부사를 했다."
"안명구:나이로 숭록대부종1품 동지중추부사를 받았다."
"김재희:수직으로 통정대부정3품을 받았다."

재미있는 우리 칠원읍지

숭록대부·자헌대부·통정대부는 제각각 지금의 1급·2급·3급 공무원이고 중추부는 대통령 자문기구입니다. 동지중추부사는 종2품, 첨지중추부사는 정3품입니다. 지금 장관과 차관에 해당되는 판서와 참판이 정2품과 종2품이었으니 상당히 높은 벼슬입니다.

이중에 이세정이라는 분은 경력이 독특합니다.

"숙종 시절 무과에 합격해 곡포만호를 했다. 나이로 품계가 통정대부로 올랐다. 회방시첩이 있다."

회방은 과거에 합격한 지 60년이 되었다는 말입니다. 회방시첩은 그러니까 과거 합격 60주년 기념시집을 말합니다. 살기도 오래 살았고 벼슬살이도 오래 했으니 충분히 기념할 만합니다. 기쁜 마음으로 잔치를 열고 참석한 양반들이 저마다 축하의 시 한 편을 지어 시집으로 엮은 것이 화방시첩이 아니었을까 싶습니다.

# 7. 〈칠원읍지〉에 담긴 옛사람들의 효도와 절개

옛날 사람들이 가장 으뜸으로 꼽았던 덕목은 효였습니다. 옛날의 효는 지금과는 비교할 수 없을 만큼 그 정도가 달랐습니다. 아침저녁으로 문안 인사를 드리고, 병이 들면 지극정성으로 간호를 하고, 돌아가시면 3년 동안 상을 치렀습니다.

망우당 곽재우 장군은 전쟁 중에 모친상을 당하자 3년 상을 치르기 위해 모든 벼슬을 내려놓고 전쟁터에서 물러났습니다. 나라가 위험에 처한 위급한 상황에서 부모를 먼저 선택한다는 것이 지금 생각으로는 이해하기가 쉽지 않지요. 하지만 당시에는 그것이 특별한 일이 아니었습니다. 효의 가치를 얼마나 크게 두었는지를 엿볼 수 있는 일화라고 할 수 있습니다.

사정이 그렇다 보니 그냥 마음을 다해 부모님을 모시는 정도로는 효자·효녀·효부가 될 수 없었습니다. 과연 어느 정도의 노력이 있어야 그 힘든 효자·효녀·효부의 길로 접어들 수 있었는지 조선 시대 효도의 세계로 들어가 봅니다.

### 귀한 음식을 부모님께 올리고

"강계흠:병든 아버지의 반찬을 위하여 물가에 나아가 울고 부르짖으니 잉어가 나타났다."

"황학:논에서 잉어를 잡아 부모를 공양했는데 부모님이 세상을 떠난 뒤에는 잉어가 다시는 나타나지 않았다. 또 부모님이 생전에 꿩을 제사에 쓰기를 즐겼는데 마침 눈이 쌓여 꿩을 얻을 수 없던 차에 갑자기 꿩이 날아들어 그것을 잡아 제물로 썼다."

"박태신:부모님이 병들었는데 겨울인데도 두꺼비를 얻을 수 있어서 약으로 달여 드리니 마침내 나았다."

"손윤권:아버지가 겨울에 각기병에 걸렸었는데 개구리를 구하여 효력을 얻었다."

"주윤항:어머니 생신에 차릴 것이 없었는데 갑자기 산 아래 논에서 한 자나 되는 잉어가 나타나 달여드렸다."

"윤은의:병에 걸린 아버지를 위하여 뱀 1만2000여 마리를 잡아 드시게 했더니 증세가 곧 덜해졌다."

"권상찬:어머니가 보지 못하게 되자 박쥐를 구해 약으로 쓰니 눈이 다시 밝아졌다. 뒤에 다시 어머니가 병환이 들어 메추라기 구이를 먹고 싶어 하자 마침 송골매가 차서 떨어뜨려 주었다."

## 효자보다 더했던 효부의 효성

"노씨:중풍으로 고생하시는 시아버지가 꿩고기를 먹고 싶어 하자 눈이 쌓인 겨울인데도 꿩이 갑자기 부엌에 날아 들어오기에 잡아서 드시게 했다. 또 집에 한 그루 있는 감나무에서 감을 따서 항상 겨울에 드리는 홍시로 준비했는데 일찍이 폭풍우가 몰아칠 때 나무를 껴안고 울었더니 감이 한 알도 떨어지지 않았다."

그런데 이보다 더한 효부도 있었습니다.

"김씨:시아버지의 등창을 입으로 빨아서 바로 효험을 보았다."

여기에 나오는 등창은 등에 나는 큰 부스럼을 말합니다. 부스

럼은 종기와 같은 말이고 종종 고름이 나오기도 합니다. 이것을 입으로 빨았다니 생각만 해도 움찔하지요.

## 똥 맛보기와 손가락 자르기

"임난상:아버지가 병이 들면 반드시 똥을 맛보아 심한 정도를 알려고 했다."

"윤빙래:부모가 병이 들어 위독할 때에 똥을 맛보아 그 증세를 살폈다."

"송한문:어머니가 미친 병이 들자 손가락을 잘라 그 병을 고치게 했다."

"이업:양친의 병환에 모두 손가락을 잘라 병을 낫게 했다."

"진중기:부친이 눈병에 걸렸을 때 손가락을 베어 흐르는 피를 눈에 떨어뜨리니 끼었던 백태가 사라졌다."

"안희순:어버이의 병환에 손가락을 잘라 피를 목에 넣어 죽을 목숨을 연장하게 했다."

"박만지·김세한·차봉의·황치환·손윤권:어머니가 병들었을 때 손
가락을 잘라 피를 입에 흘려 목숨을 연장시켰다."

"윤심계:부친의 병에 손가락을 잘라 3일 동안 목숨을 연장시켰
다."

재미있는 우리 칠원읍지

**이젠 다리살도 베어내고**

"차봉의:아버지가 학질에 걸렸을 때 까마귀 고기에 다리살을 베어 달여드렸더니 과연 병이 나았다."

"안명천:어버이가 병들었을 때 넓적다리의 살을 베어서 약으로 썼다."

"신희문:모친이 병들자 허벅다리 살을 베어서 모르게 먹였더니 마침내 병이 나았다. 살을 베어낸 상처는 약을 쓰지 않는데도 곧 아물었다."

"김석인:어머니가 학질에 걸렸을 때 넓적다리 살을 베어드시게 했더니 바로 나았다."

**하늘의 도움으로 신인이 나타나니**

이제부터는 더욱 믿기 어려운 이야기들이 등장합니다. 여기 나오는 신인은 신과 같은 능력을 갖춘 사람 또는 사람의 모습으로 나타난 신령이라고 이해하면 될 것 같습니다.

"조화식:병든 부친이 물고기를 먹고 싶어해서 밤에 나갔더니 한 신인이 금붕어 두 마리를 주었다. 돌아와서 회를 쳐서 드렸더니 차도가 있었다. 뒤에 그 신인이 다시 뱀장어 세 마리를 주어서 삶아 드렸더니 수명을 24일 동안 늘일 수 있었다."

"윤은의:병든 아버지를 낫게 해달라고 하늘에 기도하자 신인이 나타나 영약을 가르쳐주었다. 그대로 썼더니 아버지 질병이 바로 깨끗이 나았다."

"김상욱:아버지 눈에 백태가 끼어 보지 못하게 되자 7년을 하늘에 기도했더니 마침 꿈에 신인이 나타나서 영약을 가르쳐 주었는데 그대로 했더니 쾌유했다."

### 호랑이 나타나고 샘물도 솟고

여묘살이를 할 때도 신기한 일이 제법 벌어졌습니다. 여묘살이는 옛날 부모님이 돌아가시면 그 무덤 옆에 초막을 짓고 삼년상을 마칠 때까지 머물면서 무덤을 지키는 것을 말합니다.

"진중기:부친상에 여묘살이할 때 곁에서 샘물이 솟아났다. 앞서

장사지내던 날에 비가 내리자 하늘을 우러러 호곡하니 다만 무덤 자리는 비에 젖지 않았다."

"김세한:여묘살이를 할 때 옆에 물이 솟아났다가 삼년상을 마치 니 우물이 말랐다."

"최신광:여묘살이를 할 때 샘물이 솟고 호랑이가 와서 지켜주었 는데 마치니까 호랑이도 가고 샘도 말랐다."

이런 이야기들이 과연 사실일까요? 그런데 그것이 사실인지 아닌지는 그리 중요하지 않습니다. 믿거나 말거나 이런 이야기 들이 많이 전해 내려오는 것은 그만큼 효를 중요하게 여겼다는 것을 보여주는 것이니까요.

## 목숨을 바쳐야 사는 여자들

시골 마을에 가면 효자비와 열녀비를 어렵지 않게 볼 수 있습 니다. 가문의 영광으로 여겼던 효자비·열녀비에는 알고 보면 눈물겨운 사연들이 담겨져 있습니다. 열녀의 길은 효자보다 한 층 더 급수가 높습니다.

손가락 자르기는 기본이고 심지어는 목숨을 내놓아야 가능한 일이었으니까요. 남편을 위해 아내가 손가락을 잘랐다는 기록은 있습니다. 그런데 아내를 위해 손가락을 자른 남편 이야기는 〈칠원읍지〉에 나오지 않아요. 그런 사례가 없었던 걸까요? 있었는데도 적지 않았을까요? 각자 상상에 맡깁니다.

"박씨:남편이 병들어 구하기 어렵게 되자 손가락을 잘라 피를 입에 넣어 수명을 연장시켰다."

"차씨:남편이 병들었을 때 손가락을 깨물어 피를 입에 넣어 5일 동안 회생시켰다."

"주씨:남편이 악성 돌림병에 걸렸을 때 손가락을 잘라 피를 입에 넣어 소생시켰다."

아내가 남편에게 자기 살을 베어 먹이거나 고름을 입으로 빨아낸 기록도 있습니다.

"곽씨:남편이 위독하여 죽게 되었을 때 넓적다리 살을 베어 먹여

살렸다."

"김씨:남편이 위독해지자 넓적다리 살을 베어 다른 음식과 함께 먹이니 깨끗하게 나았다."

"송씨:남편이 종기 때문에 거의 죽게 되었을 때 입으로 빨아 소생시켰다."

남편을 너무 사랑해서 따라 죽은 사람이 전혀 없었던 것은 아

니겠지요. 하지만 죽고 싶지 않지만 어쩔 수 없이 선택한 죽음이 훨씬 더 많았습니다. 설령 사랑했다 하더라도 목숨을 버리는 것이 그리 쉬운 일인가요. 지금 우리가 볼 수 있는 열녀비는 사회적으로 강요된 죽음으로 내몰린 여자들의 아픈 삶의 역사라고 할 수 있습니다.

죽음으로 열녀가 탄생하면 조정에서는 표창을 내렸습니다. 여자들에게 본보기로 삼으라는 무언의 압력이 담겨 있는 상이기도 합니다. 한편으로 보자면 사회가 여자들에게 가하는 엄청난 폭력일 수도 있지요.

그 결과물은 가문의 명예로 이어졌습니다. 기록으로는 짤막하게 한두 줄로 남았지만 차마 표현할 수 없는 그런저런 고민과 결단의 사연들이 또 얼마나 많았을까요. 그런 내용들이 아래에 나옵니다.

"신당:남편의 장사지내는 날을 기다렸다가 물에 몸을 던져 스스로 죽었다."

"김씨:남편이 병들어 죽자 한 구덩이에서 목숨을 다할 것을 스스로 맹세하고 따라 죽었다."

재미있는 우리 칠원읍지

"이씨:남편이 병에 걸려 낫지 않고 죽자 '남편이 죽으면 나는 어떻게 사는가?'라며 같은 날 죽었다."

"신양금:남편이 호랑이에 물려 죽자 남편의 허리를 안고 산중에 따라 들어가 호랑이에게 함께 물려 죽었다."

"신씨:남편이 위독해지자 남편 대신 자신이 죽겠다고 하늘에 빌었다. 그랬는데 남편이 나으니 집안사람들에게 말하기를 '목숨을 바꾸기로 하늘에 빌었는데 만약 내가 구차하게 살면 남편의 목숨이 해롭게 될까 두렵다'면서 굶어 죽었다."

옛날에 비하면 세상 참 많이 달라졌다는 말을 하지요. 많은 것이 그렇지만 무엇보다 여자의 삶은 엄청나게 달라졌습니다. 옛날 조선 시대에는 여자에게 인권이라는 게 아예 없었습니다. 여자에게는 오직 남자들을 위한, 남자들에 의한 삶만 주어졌을 뿐이었으니까요.

아직 차별이 있다고는 해도 조선 시대와는 견줄 수 없을 정도지요. 요즘 가전제품들은 대부분 여자들의 일상생활을 편리하게 해주는 것들입니다. 여자들의 사회적인 지위도 높아졌습니다.

아직도 바뀌어야 할 부분이 많지만 세상은 점점 좋은 방향으로 나아가고 있습니다. 참 다행스러운 일입니다.

옛날에 비해 많이 달라진 것 중의 하나가 성폭력에 대한 생각이 아닐까 싶습니다. 성폭력은 그때나 지금이나 여전히 인격을 파괴하는 무서운 범죄이지만 그에 대한 사회적인 인식은 예전과 지금이 많이 다릅니다.

예전에는 성폭행을 당하면 본인이 아니라 가문을 먼저 생각했습니다. 그리고 성폭행을 가한 남자가 아니라 당한 여자에게 책임을 돌렸습니다. 여자가 몸을 더럽혀 가문의 명예까지 더러워졌다고 여겼으니까요. 그러다 보니 성폭행을 당하지 않으려다 목숨을 잃기도 했습니다.

성폭력에 대한 남자들의 인식 역시 마찬가지입니다. 지금은 적어도 그것이 범죄라는 사실을 알고는 있지요. 하지만 옛날에는 남자라면 누구나 당연하게 할 수 있는 행위이고 그것이 잘못이라는 인식조차 없었으니까요. 그런 세상에서 폭력을 피하기 위해 여자들이 스스로 목숨을 버린 이야기가 아래에 나옵니다.


"연이:구산에 정경이라는 자가 있어서 더럽히려 했지만 응하지 않고 절개를 지켜 죽었다."

재미있는 우리 칠원읍지

## 왜적에게 도륙당한 형제 부부

전쟁은 인류 역사상 가장 잔혹한 범죄입니다. 지금도 지구 반대편에서 전쟁이 일어나 많은 사람들이 고통을 받고 있지요. 임진왜란 때도 마찬가지였습니다. 왜적 때문에 수많은 사람들이 목숨을 잃어야 했습니다. 전쟁의 고통은 승자와 패자를 가리지 않습니다. 그중에서도 가장 큰 피해를 입는 대상은 힘없고 약한 여자와 어린아이들입니다.

> "이씨와 김씨:주익창과 주필창의 아내로 1593년에 왜적을 피하여 지리산에 숨어 있었는데 왜구가 갑자기 밀어닥치자 물에 뛰어들어 죽었다."

같은 동서지간인 두 부인이 왜적에게 당하지 않기 위해 스스로 목숨을 끊을 수밖에 없었습니다. 전쟁 이후 나라에서 발행한 〈동국신속삼강행실도〉에 이런 내용이 '이부익사'라는 제목으로 실리기도 했습니다. 이부익사는 '두 부인이 물에 빠져 죽었다'는 뜻입니다.

일은 여기서 끝나지 않았습니다. 남편 주익창과 주필창은 뒤에 나오는 주세붕 선생의 셋째, 넷째 손자인데 이들 또한 왜적의

〈동국신속삼강행실도〉의 이부익사 그림

〈동국신속삼강행실도〉의 익창단지 그림

창칼에 목숨을 빼앗겼습니다. 한 집안에서 네 목숨이 도륙당했습니다. 그나마 이름이 있어 이렇게 기록으로 남았지만 왜적의 창칼에 무참히 죽은 사람들이 얼마나 많았을까요.

주익창은 효자로도 이름이 높았습니다. 〈동국신속삼강행실도〉에 '익창단지'가 실려 있습니다. '익창이 손가락을 잘랐다'는 말인데 그뿐만 아니라 병에 걸린 아버지의 똥까지 맛보았다고 합니다. 게다가 주익창은 동생 필창이 악질에 걸렸을 때도 손가락을 자른 적이 있었다니 보통 사람은 아니었던 것 같습니다.

# 8. 〈칠원읍지〉에 담긴 함안의 인물들

## 고려판 노블레스 오블리주 윤환

〈칠원읍지〉에서 가장 첫머리에 놓이는 인물은 고려 시대 윤환이라는 사람입니다. 〈고려사절요〉를 보면 윤환은 1328년부터 1386년까지 58년 동안 이름이 나옵니다. 이렇게 오랜 세월에 걸쳐 벼슬을 하며 섬긴 임금이 충숙왕·충혜왕·충정왕·공민왕·우왕으로 무려 다섯 명입니다.

그러면서 문하시중이라는 벼슬을 세 차례 역임했습니다. 문하시중은 조선 시대의 영의정에 해당하는 벼슬인데 요즘으로 보자면 대통령 바로 아래 국무총리입니다. 또 칠원부원군, 칠원후, 칠원백으로도 임명된 것을 보면 칠원을 실질적으로 소유한 대단한 인물이었습니다.

당시는 중국에서 원나라가 지고 명나라가 뜨는 격변의 시기로 고려에서는 친원파와 친명파의 대립이 극심했습니다. 변화무

쌍한 시절임에도 최고 벼슬을 세 번이나 지냈으니 정치 수완과 감각이 빼어났던 모양입니다.

보통 이런 고관대작은 이웃과 주변 사람을 업신여기기 쉬운데 윤환은 전혀 그렇지 않았습니다. 칠원뿐 아니라 경기도 곳곳에도 농지가 있을 정도로 엄청난 부자였는데 이웃들을 위해 좋은 일을 많이 했습니다.

요즘은 '노블레스 오블리주'라는 말이 흔하게 사용되고 있습니다. '고귀한 신분으로 태어난 사람은 행동도 고귀해야 한다'는 뜻입니다. 여기서 고귀한 행동이라는 것은 우아하고 고상한 척하는 것이 아니라 어려운 사람들에 대한 배려나 나눔을 실천하는 행위라고 해석을 하는 것이 맞습니다.

사회지도층일수록 사회에 대한 책임을 다해야 한다는 노블레스 오블리주를 윤환은 700년 전에 이미 실천하고 있었습니다. 백성들이 굶주리자 곡식을 풀었을 뿐만 아니라 재물을 빌려간 이들의 빚까지 탕감해 주었던 것입니다.


"돌아와 칠원에 있을 때 크게 흉년이 들어 사람들이 서로 잡아먹는 지경이 되자 윤환은 재산을 풀어 그들을 구제했다. 또 가난한 백성들에게 재물을 빌려주고 받은 증서는 모두 모아서 불태워 버렸다."

재미있는 우리 칠원읍지

칠원읍 유원리 산 182-2에 있는 윤환의 무덤

훌륭한 인물이다 보니 이런 신기한 이야기도 함께 전해집니다.

"때마침 오래 가물었는데 윤환의 농지에서 물이 솟아나더니 백성들의 농지까지 흘러들었다. 그 덕분에 크게 풍년이 들었으니 남녘 백성들이 모두 칭송했다."

## 서원을 최초로 세운 주세붕

칠원읍·칠서면·칠북면 출신 역사 인물 가운데 가장 유명한 사람은 누구일까요? 바로 신재 주세붕 선생입니다. 학교에서 배우는 교과서에도 그 이름이 등장할 정도지요. 경북 풍기군수가 됐을 때 우리나라 최초의 서원인 소수서원을 세운 인물로 널리 알려져 있습니다.

이렇게 말하면 서원 건물을 지은 사람인가 이렇게 생각할 수도 있습니다. 주세붕의 업적은 거기에 그치지 않았습니다. 학생들을 모아 가르치려면 건물뿐만 아니라 많은 것들이 필요합니다. 선생님과 직원도 필요하고 책과 공책, 음식 그리고 여러 가지 집기도 있어야 하지요. 말하자면 학교가 유지되기 위해서는 돈이 있어야 하는데 그 일을 선생이 책임지고 한 것이지요.

"순흥 백운동에 서원을 세우고 제사를 지내고 학생들을 가르치도록 했으며 제자백가의 서적을 장서로 갖추고 교육과 학습에 필요한 경비를 마련하기 위해 농지도 장만했다. 우리나라에서 서원의 시작은 대체로 이 소수서원에서 비롯되었다."

주세붕이라는 인물을 역사에서 크게 치는 이유가 있습니다. 서원의 설립으로 새로운 교육제도를 만들어냈기 때문입니다. 그 전에는 교육기관이 나라에서 고을마다 하나씩 세운 향교밖에 없

었으니까요. 그러다 보니 공부를 하고 싶어도 향교 말고는 갈 데
가 없었습니다. 교육의 기회가 그만큼 적었겠지요. 소수서원이
생긴 뒤에는 전국 모든 고을에서 이를 본받아 서원을 세우게 됩
니다. 이를 높게 평가하는 기록이 〈명종실록〉에 나와 있습니다.

"서원이 옛날에는 없었다. 서원의 설치에 대해서는 전에 들어보지
못했으니, 이는 실로 커다란 결점이었다. 주세붕이 여기에 뜻을
두고 사람들의 비웃고 헐뜯는 것을 무릅쓰고 처음으로 서원을

세웠으니 옛 군자보다 공적이 조금도 뒤지지 않는다."

"우리 동방에 문학이 융성해질 것이 반드시 이로부터 비롯되지 않을 수 없을 것이니 주세붕의 공로가 어찌 적다 하겠는가."

선생이 벼슬을 하면서 백성들을 잘 다스렸다는 내용도 나옵니다.

"풍기군수로 있을 때 영남에 큰 흉년이 들었는데 자신의 생활을 위해서는 조금만 쓰고 백성들에게 많이 내주었으며 머리가 희끗희끗하게 센 늙은이 이상은 식량을 좀 더 얹어 주었다."

"벼슬에 있으면서 일을 처리할 때는 반드시 도리를 다했기 때문에 백성들은 상을 주지 않아도 스스로 힘썼으며 벌을 주어도 원망하지 않았다."

〈중종실록〉에는 잘못한 백성이 있어도 윽박질러서 강제로 고치게 하는 대신 그 마음을 움직여서 스스로 바로잡도록 했다는 기록도 있습니다.

재미있는 우리 칠원읍지

"동생의 재물을 빼앗으려는 백성이 있었는데 주세붕이 그 백성을 시켜 동생을 업고 종일 뜰을 돌게 했다. 몹시 지치게 되었을 때 불러 묻기를 '너는 동생이 어려서 업어 기를 때도 빼앗을 생각을 가졌었느냐?' 하니 그 백성이 크게 깨달아 부끄럽게 여기며 물러갔다."

주세붕 선생은 30년 동안 벼슬을 했습니다. 그동안 받은 봉급도 그만큼 많았겠지요. 그런데 세상을 떠나고 나서 보니 자기 앞으로 남겨놓은 재산이 거의 없었습니다. 주세붕은 인품이나 업적이 통째로 본받을 만한 것이라 할 수 있습니다.

"의복은 가난한 선비와 같았고 고기도 좋은 고기는 먹지 않았으며 앉을 때는 털 방석에 앉지 않았고 마구간에는 좋은 말이 없었으며 집도 빌려서 살았다. 봉급이 풍족했지만 입고 먹는 것 이외에는 불쌍한 사람들에게 나누어 주었다."

### 맑고 욕심 없었던 배세적

배세적은 37세에 요절한 인물입니다. 27살에 과거에 급제하고 중앙 조정에서 벼슬살이를 시작했습니다. 그런데 폭군 연산군이 죄 없는 선비에게 터무니없는 올가미를 씌워서 대거 잡아 죽이는 무오사화가 일어나자 곧바로 벼슬을 내던지고 고향으로 돌아왔습니다. 〈칠원읍지〉는 당시 상황을 이렇게 적어 놓았습니다.

"일찍이 그 반열에 들어 있지 않았기 때문에 잡혀서 조사를 받지는 않았지만, 인재는 죽고 나라도 병들어 조정이 음란하고 더러워서 자신도 더러워질 듯해 빨리 벼슬을 버리고 산촌에 숨어 살았다."

10년 가까이 세월이 흐른 다음 연산군이 쫓겨나고 중종 임금이 들어서게 됩니다. 새로운 조정은 세상에 숨어 사는 인재들을 널리 찾았습니다. 배세적은 경북 군위현감이 되어 선정을 베풀었는데 이듬해 덜컥 세상을 떠나고 말았습니다.

장례를 치르면서 보니 올 때 가져온 것도 없었지만 갈 때 가져갈 만한 것도 없었습니다. 고향에 물러나 있던 10년 동안도 청빈하게 살았을 뿐 아니라, 고을 원님을 하면서도 자기를 위해서는 아무것도 챙기지 않았던 거지요. 〈칠원읍지〉를 보면 사람들이 그의 욕심 없는 마음을 높이 샀다는 것을 알 수 있습니다.

재미있는 우리 칠원읍지

"시신이 고향으로 돌아갈 때 군위현의 물건은 하나도 따라가지 않았다. 취임할 때 가져온 것은 말채찍 하나가 전부였는데 동헌 모퉁이에 걸어둔 것을 사람들이 기념으로 벽에 그림으로 그려놓고 원래 채찍은 본가로 보냈는데 지금까지 좋은 미담으로 전해지고 있다."

그의 부인도 인품이 훌륭한 사람이었습니다.

"부인 배씨는 아전과 선비들이 관아의 물품을 장례용 도구로 쓰려고 하자 못하게 말리면서 말하기를 '선생이 눈을 감았는데 어떻게 감히 그 맑은 덕행을 더럽히려 하시오?'라고 했다."

빈손으로 왔다가 빈손으로 가는 게 삶이라는 말이 있지요. 사람들은 이 말을 쉽게 합니다. 하지만 진심으로 그 뜻을 받아들이며 살아가는 것은 어려운 일이지요. 이것을 실천한 인물이라면 충분히 존경받을 만큼 훌륭하다 할 수 있습니다.

### 충성 보상을 못 받아도 태연했던 주재성
함양과 합천에서 반란이 일어나 경상도 사람들이 모두 벌벌

떨고 있을 때 아랑곳하지 않고 용감하게 나선 인물이 있었습니다. 1728년 이인좌·정희량의 반란에 칠원 사람 주재성이 몸을 던졌습니다.

"내가 평민이라 (관직이 없는 바람에) 나라에서 300년 동안 길러준 은혜를 보답할 길이 없었는데 지금은 보답할 길이 여기에 있다."

여러 고을의 뜻있는 이들에게 함께 떨쳐 일어나자는 호소문을 돌리고 직접 전투복과 칼을 갖추고 싸우러 나섰습니다. 군사를 이끌고 분치령 고개를 지키면서 반란군을 막아냈습니다.
이때 낙동강을 건너면서 지은 시가 있습니다.

슬프고 분한 마음으로 배에 올라 두 손 맞잡고 맹세하니
강바람이 화내어 몰아치고 물결 또한 울부짖네.
임금과 신하 사이 의리가 무거우니 한 번 죽음은 가볍구나.

주재성은 여기서 그치지 않고 군사들이 먹을 양식으로 나락을 300섬이나 내놓았습니다. 한 섬이 200kg이니까 모두 600톤이고, 5톤 트럭으로는 120대가 되는 엄청난 분량입니다. 밥 지을

재미있는 우리 칠원읍지

솥이 모자라자 구리를 1000근(1근=600g) 장만해 솥도 만들 수 있도록 했습니다.

이렇게 곡식을 내놓고 재물을 보태고 자기 한 몸까지 바쳤으니 반란군을 진압한 다음에 임금은 당연히 주재성에게 벼슬을 내렸습니다. 세 번씩이나 벼슬을 주라고 시켰음에도 어찌 된 일인지 조정에서 실행이 되지를 못했습니다.

일이 이렇게 되면 억울하고 분한 마음이 생기는 것은 당연한 일입니다. 자연과 더불어 살았던 주재성은 그러거나 말거나 아무런 동요가 없었습니다. 이 정도면 평범한 사람은 아닌 듯합니다. 대단한 인격을 갖춘 인물임에 분명한 것 같습니다. 그에 대한 후대의 평가가 〈칠원읍지〉에 이렇게 적혀 있습니다.

"나라가 그에 힘입어 온전했는데도 낮은 벼슬조차 한 자리 얻지 못했다. 그런데도 태연히 지내면서 국화가 추울 때 피고 늦게 향기를 낸다는 뜻을 가져와 호를 국담이라 하고 '세상은 나를 버렸고 나는 세상을 버렸다'고 자처했다."

### 자신의 공적을 감춘 의병장 조방

"임진왜란을 맞아 칠원 무릉에 왜적들이 갑자기 쳐들어오니 '높

반구정에서 바라보는 낙동강의 멋진 풍경

은 벼슬아치들이 더러워진 것이야 신경 쓸 필요 없지만 나라 일을
두고 볼 수는 없다'면서 집안 하인 100여 명을 이끌고 망우당 곽
재우 장군의 의병 진영에 합류했다.

정암진과 낙동강의 좁고 요긴한 길목에 경계하여 지키고 산이 험
한 곳에서 왜적을 기습 공격했다. 정유재란 때는 친형과 조카들
과 더불어 곽재우 장군을 도와 창녕 화왕산을 굳게 지켰다."

이런 정도라면 낮은 벼슬이라도 하나 받고 작은 공신 칭호도
받아야 마땅하지만 조방은 스스로 공적이 없다고 했습니다. 나

재미있는 우리 칠원읍지

아가 고을 사람들이 조정에 상을 내려달라는 진정서를 작성해 보내려는 것도 막았습니다.

"선생은 아들을 보내 서류를 불태우게 하고 말하기를 '신하가 나라를 위하는 것은 당연한 것인데 어찌 감히 스스로 내세우겠는가'라면서 '앞으로도 이런 일이 있으면 모름지기 못하게 말려서 아비를 수치스럽게 하지 말라'고 했다."

그러고는 아무것에도 매이지 않고 자유롭고 편안하게 낙동강 강변 언덕에 정자를 짓고 살았습니다. 그 정자의 이름이 반구정인데 '해오라기를 벗 삼아 지낸다'는 뜻이랍니다. 벼슬살이 하느라 온갖 업무에 시달리는 것보다 훨씬 멋지지 않나요. 하지만 대부분의 사람들은 이런 삶보다는 높은 벼슬을 원하지요.

### 독립운동자금을 내놓은 주시성

〈칠원읍지〉의 제일 끝 페이지에는 주시성이 실려 있습니다. 1909년 〈칠원읍지〉가 마지막으로 편찬될 무렵에 생존해 있었던 인물이지요. 부모님을 극진한 정성으로 모시면서 이웃을 위해 기부도 많이 한, 요즘 말로 하자면 기부천사였습니다.

"농사짓는 논밭을 친척과 이웃들에게 나누어주었고 20년 동안 곡물을 풀어서 가난한 사람들을 돌보아주었다."

이런 주시성이 강도를 당한 적이 있었습니다. 1909년 8월 5일인데 당시는 이미 일본 사람이 경찰서장을 할 정도로 나라가 망한 상태였지요. 이 이야기는 당일 작성한 일본 경찰의 보고서에 나오는 내용입니다.

함안군 칠원읍 구성리 844-6에 있는 주시성의 송덕비(오른쪽)와 효자비

그날 밤 9시쯤에 20명 남짓한 떼강도가 들이닥쳐 주시성과 손자에게서 돈 84꾸러미를 빼앗아 달아났습니다. 강도들은 같은 날 오후 5시쯤에 칠원경찰주재소를 습격해서 일본인 순사와 상인 등 7명에게 머리와 가슴 어깨 등을 칼로 찔러 크고 작은 상처를 입히기도 했습니다. 그런데 같은 떼강도인데도 주시성과 손자는 해코지를 하지 않았지요. 그 이유가 무엇일까요? 이런 의문은 두 달 뒤에 떼강도 두목이 일본 경찰에 붙잡히면서 풀리게 됩니다.

이름이 서병희였는데 알고 보니 칠원을 비롯해 중서부 경남에서 활약한 의병대장이었습니다. 일본의 의심을 사지 않고 의병부대에 군자금을 대주려고 미리 짜고 한 행동이었던 겁니다. 서병희 대장은 갖은 고문을 당하면서도 의연하게 버티었습니다. 뼈가 부러지고 피를 흘리면서도 동료 이름을 한 명도 대지 않았습니다. 결국 순국하고 말았는데 그때가 마흔셋 한창 나이였습니다.

### 역전의 용장 제말 장군

〈칠원읍지〉에 나오지는 않지만 임진왜란 때 의병장으로 이름 높았던 칠원 출신 인물이 있습니다. 지금은 창원시 소속으로 바꿰었는데, 1908년까지는 칠원 땅이었던 구산면 바닷가가 고향인 제말 장군 이야기입니다.

용맹하기로 명성이 드높아 공격할 때마다 앞을 막는 적이 없을 정도였습니다. 홍의장군 망우당 곽재우와 맞먹을 만큼 유명했습니다. 고성·창원·김해·의령을 오가며 활약했는데 그때마다 왜적들은 "날아다니는 장군이 왔다"며 다투어 달아날 정도였다고 합니다.

제말 장군 하면 경북 고령의 무계나루 전투가 첫 손에 꼽힙니다. 왜적의 군세가 대단했는데도 장군은 혼자 불쑥 나섰습니다. "싸우려면 나서고 아니면 물러가라!" 그러고는 상대 진영에서 날래고 굳센 왜적 한 명이 나오자 곧바로 창으로 찔러 죽였습니다.

깜짝 놀란 왜적들은 흩어졌고 장군은 기세가 올랐습니다. 그러나 왜적들은 1만 명이라는 숫자를 믿고 쉽사리 물러나지 않았습니다. 하지만 장군은 결국 무계나루로 왜적들을 유인해 들여 때마침 도착한 거창 의병부대와 힘을 합쳐 섬멸하고야 말았습니다.

장군은 외모가 특별했습니다. 일단 키가 무지하게 큽니다. 8척이라니 요즘으로 치면 2m 40cm입니다. 기네스북에 오를 정

도지요. 팔도 무척 길어서 손이 무릎 아래에 닿을 정도였다지요. 이런 체격으로 창칼을 휘두르면 상대편이 절로 후덜덜 하지 않았을까요.

수염은 〈삼국지〉에 나오는 장비를 빼닮았다고 합니다. 용기백배하여 왜적과 싸울 때면 수염과 귀밑머리가 곤두서서 마치 고슴도치 털처럼 삐죽삐죽했다는 기록이 있습니다. 이를 본 왜적들은 귀신같다며 두려워했는데 말 그대로 하늘이 내린 장군이었습니다.

전쟁터에서 싸우는 장수들은 끝까지 살아남기가 쉽지 않습니다. 우리가 잘 알고 있는 이순신 장군과 김시민 장군 등 많은 분들이 적과 싸우다 목숨을 잃었습니다. 제말 장군 역시 적의 탄환에 맞아 숨을 거둡니다.

장군은 성주목사 직분으로 성주성을 지켰습니다. 바깥에서 구원병이 끊어진 상태에서도 마지막까지 싸웠지만 상대해야 할 왜적이 너무 많았던 거지요. 장군은 전사하고 나서 며칠이 지났어도 얼굴은 살아 있는 것처럼 밝고 환했으며 수염이 고슴도치처럼 불룩했고 손은 창을 버리지 않은 채 굳게 쥐고 있었다고 합니다.

## 제말 장군의 무덤을 찾아준 어사적 현감

제말 장군의 공적은 오랫동안 잊혀져 있었습니다. 가난하고 보잘것없는 집안 출신이라서 장군은 글을 알지 못했지요. 장군 스스로 본인의 활약상을 기록으로 남기지 못했고 다른 사람들이 남긴 기록은 흩어져 없어졌기 때문입니다. 아무리 많은 일이 일어나도 적어놓지 않으면 아무도 모른다는 거지요.

그러다가 150년 세월이 지난 1740년 즈음에 장군이 의병장으로서 어떻게 싸웠고 어떻게 세상을 떠났는지가 알려지게 됩니다. 믿어지지 않겠지만, 장군이 전사한 경북 성주의 동헌 앞마당에 장군의 영혼이 나타났던 것입니다.

달 밝은 밤에 검은 모자를 쓰고 붉은 도포를 입은 채로 대밭에서 나오더니 수염을 쓰다듬으며 이렇게 말했답니다.

"나는 제말이다. 임진왜란을 맞아 의병을 일으켜서 왜적을 쳤다. 적들이 쳐들어와도 깨뜨리지 못한 적이 없었으나 당시 기록이 없어져 역사가 전하지 못했다. 내 무덤이 칠원에 있는데 자손이 없어서 이제껏 버려져 있다."

이런 신기한 일이 벌어지자 지금 도지사에 해당하는 관찰사

창원시 마산합포구 진동면 다구리 산 66-5에 있는 제말장군의 무덤

에게 바로 보고가 되었고 관찰사는 칠원현감에게 장군의 무덤을
고쳐 쌓고 사람을 두어 지키도록 시켰습니다. 그런데 아직 그 공
문이 칠원에 이르기 전에 제말 장군이 또 나타납니다.

"내 무덤은 이 동헌에서 얼마쯤 떨어진 아무 마을에 있소. 감사
가 마땅히 무덤을 수리하라고 명령할 테니, 그대는 잘 새겨들으
시라."

재미있는 우리 칠원읍지

당시 칠원현감 어사적의 꿈에 등장한 것입니다. 어사적은 〈칠원읍지〉에 1740년 9월부터 이듬해 6월까지 칠원현감을 한 것으로 적혀 있어요. 관찰사가 보낸 공문은 그날 저녁에 현감에게 이르렀습니다. 연암 박지원이라는 인물이 쓴 〈열하일기〉에 있는 내용입니다.

장군의 무덤은 창원시 진동면 다구리 바닷가에 있습니다. 앞에 그다지 크지 않은 비석이 있는데 1767년에 세웠다고 적혀 있지요. 나라에서 내린 벼슬 '병조판서'와 시호 '충장'이 나란히 새겨져 있습니다.

〈정조실록〉을 보면 임금이 장군의 무덤을 찾아보라 명령하면서 벼슬을 내린 날은 1792년 7월 25일이고 시호를 내린 시점은 같은 해 9월 29일입니다. 비석과 실록의 기록이 조금 다르지만 장군이 칠원 구산 출신이고 무덤이 거기 있다는 건 분명한 사실이지요.


### 사랑의 화신 산돌 손양원

〈칠원읍지〉에 나오지는 않지만 함안 칠원 사람이 기억할 만한 인물로 산돌 손양원이 있습니다. 손양원은 개신교 목사였습니다. 세상을 떠난 뒤 그의 일생을 두고 '사랑의 원자탄'이라는 오페라가 만들어질 정도로 모든 사람을 한없이 사랑한 인물입니다.

손양원 목사가 일했던 전남 여수의 애양원은 우리나라 최초의 한센병 환우 요양원입니다. 한센병은 흔히 나병이라고 알려져 있지요. 손 목사는 당회장을 맡자마자 직원과 환우가 따로 앉던 것을 없애고 같이 섞여 앉도록 했습니다. 목사석과 장로석을 구분하는 유리막도 없앴는데 그것은 차별의 벽을 허무는 것이었습니다.

환우의 손을 잡을 때는 장갑을 끼는 것이 관행이었지만 그는 맨손으로 악수하고 밥도 같이 먹었지요. 환우들을 깊이 사랑해서 자식들보다 환우들과 함께 지내는 시간이 더 많을 정도였으니까요.

개신교는 하나님 말고 다른 존재를 섬기고 절하는 것을 우상숭배라면서 못하게 합니다. 그런데 일제는 날마다 천황이 있는 동쪽을 향해 절을 하게 시키고 자기네 신들을 모시는 신사도 참배하도록 강요했습니다. 일제의 서슬에 눌려 개신교도 대부분 신사참배를 하게 됩니다. 하지만 참된 신앙인인 산돌은 받아들이지 않았습니다.

손양원 목사는 애양원교회에서 설교할 때마다 "신사참배는

하나님의 가르침과 맞지 않는 우상숭배이고 죽은 다음 천국에도 가지 못하게 하는 잘못된 행동이다"라고 말했습니다. 이 때문에 결국 일제에 끌려가 징역 1년 6개월을 선고 받고 감옥에 갇히게 됩니다.

그런데 일제는 1년 6개월이 지났는데도 풀어주지 않았습니다. 감옥에서 나가려면 신앙을 포기하고 신사참배를 약속해야 한다고 말과 주먹으로 윽박질렀던 겁니다. 이를 따를 수 없었던 손양원은 기약 없이 갇혀 있다가 해방이 되어서야 풀려났습니다.

그런데 손 목사는 하늘이 무너지는 일을 3년 뒤에 겪게 됩니다. 민족의 진로를 두고 나라가 온통 좌우로 나뉘어 격렬하게 다투는 와중에 큰아들과 작은아들이 좌익에게 한꺼번에 목숨을 잃은 것입니다.

손양원은 크게 상심하고 슬픔에 잠겨 지냈습니다. 그러다가 두 아들을 죽도록 한 안재선이라는 사람이 국군에게 체포됐다는 소식을 듣게 됩니다. 보통 사람 같으면 어서 빨리 죽여달라고 했겠지만 그의 행동은 달랐습니다.

사형 대상으로 분류돼 있던 안재선을 감옥에서 빼내는 구명 활동을 펼쳤던 것이지요. 그의 노력으로 안재선은 풀려나게 됩니다. 집으로 찾아가 안재선에게 사랑하고 용서한다는 진심을 전달합니다. 그리고는 안재선이라는 이름을 손철민으로 바꾸고 양자로 들였습니다.

손양원 목사는 친자식을 둘이나 죽인 안재선을 용서하고 원수를 사랑하라는 예수의 가르침을 따라 자기 아들처럼 사랑했습니다. 세상에는 좋은 말들이 너무나 많습니다. 하지만 그 말을 내 것으로 받아들여 실천하는 일은 정말 어렵습니다. 종교인이라고 별반 다르지 않습니다. 이런 실천은 세계 기독교 역사 어디에도 없는 일이었습니다.

손양원 목사는 칠원읍 구성리 685에서 태어나 자랐습니다. 지금 그 자리에는 복원된 생가 마루에서 책을 읽는 산돌의 동상이 찾는 이를 반기고 있습니다. 그리고 그 옆에는 '애국지사 산돌 손양원 기념관'이 멋진 모습으로 들어서 있습니다. 언제 한 번 산책 삼아 들러서 둘러보기 좋은 자리입니다.

무릉지 서문에서 〈칠원읍지〉를 편찬한 사연을 보면 이런 내용이 나옵니다.

"유동발 현감이 역대 현감 명단을 기록하여 영원히 없어지지 않도록 남기려 하자 사람들이 모두 옛날을 상세히 알 수 없어서 어렵다고 했다.

유 현감은 '그렇지 않다'면서 '지나간 것은 도리가 없지만 다가오는 것은 고칠 수 있다. 옛날에 대해 지금 들은 것부터 이후의 일을 상세히 적으면 지금은 옛 기록이 없지만 이후에는 옛 기록이 있게 되니 지금부터 옛 기록을 만드는 것과 거의 같지 않은가'라고 했다.

… 혹시 전쟁이 일어나지 않는다면 이 기록은 후대에 전해져서 영원히 없어지지 않을 것이다. 후세에 보는 사람들은 이 책에 느낌

이 있을 것이다."

현감 유동발이 칠원의 이야기를 기록을 남기고자 했을 때 사람들은 다들 불가능하다고 했습니다. 만약 그 의견을 따랐더라면 지금 우리는 우리 고장 칠원의 역사를 이처럼 자세히 들여다볼 수는 없었을 겁니다.

〈칠원읍지〉가 우리에게 건네주는 교훈은 크게 두 가지가 아닐까 싶습니다. 첫째 기록의 중요함을 일깨워 줍니다. 기록하지 않으면 있었던 일이 없어지지만 기록으로 남기면 역사가 된다는 것이지요.

또 하나는 옛날 사람들의 삶과 사연이 텔레비전 드라마나 이야기책에는 제멋대로이고 엉망인 것처럼 나오지만 실제로는 그렇게 허술하지 않았고 가로세로로 치밀하게 짜여 있었다는 것을 발견할 수 있습니다.

"저놈에게 당장 곤장을 쳐라"며 다짜고짜 윽박지르는 조선시대 원님이 텔레비전에 나올 때 우리는 그게 조금 장난스럽다 여기면서도 실제 모습과는 크게 다르지 않을 것이라고 생각했으니까요. 그렇지만 알고 보니 원님의 업무와 책임은 상상 그 이상이었습니다.

이런 걸 보면 우리가 지금 이만큼 잘 사는 게 어느 순간 하늘에서 갑자기 뚝 떨어진 것이 아니라는 생각이 들지 않나요? 오랜 세월 동안 뿌리를 내리고 줄기를 올린 덕분에 지금 이렇게 가지와 잎이 무성해졌다는 사실을 알게 해 줍니다.

그러니까 지금 친구들이 보고 듣고 겪는 사소한 이야기들도 얼마든지 훌륭한 역사의 기록물이 될 수 있습니다. 〈칠원읍지〉를 읽고 이런 생각을 하게 되었다면 정말 좋은 일입니다. 〈재미있는 우리 칠원읍지〉가 고장 칠원을 이해하는 데 조금이나마 보탬이 되었다면 좋겠습니다.